乙女の熊本

雑貨屋&カフェさんぽ

かわいいお店めぐり その2

「旅ムック」編集部 著

Mates-Publishing

CONTENTS

1-熊本市・合志市・菊陽町
MAP
再春荘前
熊本電鉄
陸上自衛隊演習場
黒石
北欧暮らしカフェ HAGA p78
杉並木公園
Friend Flower p82
lamp.flower market p76
ゆめタウン
光の森
三里木
菊陽バイパス
須屋
熊本北郵便局
光の森
Café Dining
cache cache p80
武蔵塚
堀川
陸上自衛隊
北熊本駐屯地
岩倉山
九州自動車道
免許センター
JR豊肥本線
県民総合
運動公園
パークドーム
陸上競技場
うまかな・よかな
スタジアム
熊本IC
二の宮神社
国際民藝館
北バイパス
白川
立田山
裏カフェ p50
東バイパス
竜田口
熊本大学
熊本大学
Shop of cookie EMI'S p58
前川珈琲店 p56
国体道路
東海学園前
九州東海大学
日赤病院
熊本県立大学
産業道路
保田窪北
ドゥ・アート・スペース帯山店 p36
熊本学園大学
県立劇場
Select SHOP
nëco p34
くつろぎ個室
SUONO CAFE p52
新水前寺
水前寺
水前寺競技場
hails p32
陸上自衛隊
西部方面総監部
佐土原
グランメッセ熊本
水前寺成趣園
p5 Ⓐへ
県庁
熊本東郵便局
益城熊本空港IC
57
神水
健軍神社
市民病院
東区役所
秋津川
健軍町
熊本高森線
加勢川
熊本市動植物園
chouchou p46
木山川
天然石の店 Brillianto
「ブリリアント」p44
下江津湖
CoCo・Tiara p54
hand made 雑貨 SAKAS p48
田井島

熊本市中心部
中央区MAP
Long beach p40
第一信金
Crystal Vesta p24
ローソン
アート系クラフトの
小さなお店 UMU p16
上林通り
坪井川
アークホテル
熊本城前
並木坂
歩小路
丸小ホテル
裏ベンチ p42
藪の内通り
ハーブ＆アロマ
テラピーの専門店
VERDE p12
肥後BK
草葉町通り
日本
たばこ
産業
セブン
イレブン
FABRIC'S p14
WHOLE
SQUARE p22
公園
ホテル
オークス
お茶の堀野園
茶以香 p20
熊本ホテル
キャッスル
熊本 和数奇 司館
オークス通り
上通アーケード
長崎書店
上通郵便局
桜井町通り
熊本城
九州郵政局
上乃裏通り
手取
天満宮
まるぶん書店
城東郵便局
西日本
City銀行
びぷれす
熊日会館
岡田珈琲
サテライト店 p18
市議会
市役所
熊本信金
通町筋
熊本市
現代美術館
ホテル日航
熊本
画廊喫茶
三点鍾 p26
大劇会館
肥後銀行
パルコ
水道町
鶴屋本館
みずほBK
交番
熊本銀行
駕町通り
テトリア熊本
下通アーケード
カリーノ下通
1F蔦屋書店
滝川パン p43
安政
郵便局
公園
小泉八雲
熊本旧居
城見町通り
三年坂
井芹川
西里
JR鹿児島本線
九州新幹線
大窪
坪井川
清水バイパス
飛田バイパス
LEMONnoKI p70
八景水谷
亀井
崇城大学
aju p66
池田
北熊本
熊本電鉄
打越
坪井川公園
坪井川
本妙寺
浄池廟
上熊本
黒髪町
茶坊 玉蘭 p10
浄行寺
県立美術館本館
藤崎宮前
藤崎宮
井芹川
熊本城
市役所
N
横手郵便局
266
長崎次郎喫茶室 p28
交通センター
北岡自然公園
花岡山
大学病院
atelier mojoca p30
万日山
白川
熊本駅
p4 Ⓐへ
独鈷山
OPEN STUDIO p38
田崎橋
南熊本
坪井川
城山
田崎市場
3
平成
501
高橋稲荷神社
御坊山
西区役所
Sabury popcorn p41
蔵・カフェHAMADAYA p64
白川
FILL(natural shabby&
natural chic) p60
田井島
アクアドーム
パン・焼き菓子＆手づくりショップ
めりめろ p62

4-山鹿市MAP
山鹿市
総合体育館
三玉小学校
197
SEE SAW p88
301
200
八千代座
Différence p86
325
山鹿温泉
さくら湯
3
鹿本高校

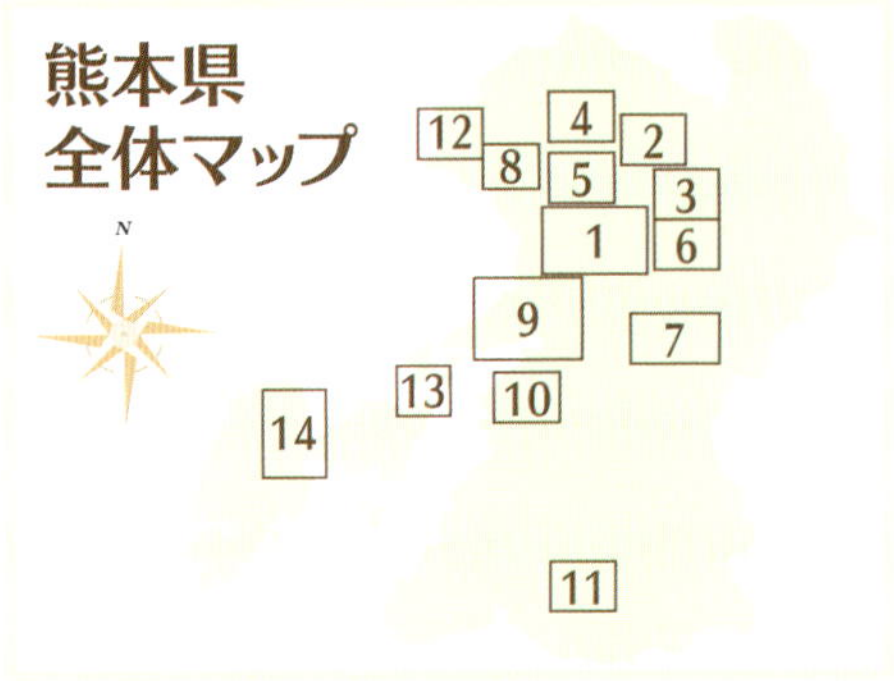
熊本県
全体マップ
N
12
8
4
5
2
3
1
6
9
7
13
10
14
11

5-植木町MAP
吉松スポーツ公園
kitchen 明ヵ里 p68
植木IC
九州自動車道
平尾山
3

2-菊池市MAP
367
菊池市役所
325
夢空間
HOTEL AZ
コメリホームセンター
53
53
387
戸崎小学校
菊池川
菊池広域連合
北消防署
菅原神社
雑貨・古物 bb p84

6-上益城郡MAP
103
walet p100
阿蘇くまもと空港
206
溶岩窯パン工房
SUGANOYA p102
36
ホテルエミナース
第2空港線

3-大津町MAP
コメノパンヤ
玄氣家 p77
ギャラリー＆和カフェ
水車物語 p72
30
大津町役場
HOTEL AZ
肥後大津
イオン
57
大津町
文化ホール
JR豊肥本線
大津町
運動公園
大津高校
CLOVER＋CLOVER p74
↓阿蘇くまもと空港

7-下益城郡MAP
445
山都警察署
見岳山
矢部高校
通潤橋
御岳小学校
153
甲佐岳
みずたまカフェ p98
218
美里町役場
霊台橋
緑川ダム
遠見山
445
自然派DINING&CAFÉ
THE KEYSTONE GARDEN p104

12-荒尾市MAP
グリーンランド
314
K DESIGN p90
46
JR鹿児島本線
荒尾簡易裁判所
208
南荒尾
荒尾警察署
ルンバ珈琲 cafe Rinonka p92

13-上天草市MAP
シードーナツ
前島橋
(天草四号橋)
天草パールセンター
L'isola Terrace Amakusa p118
シークルーズ
266
天草パールライン

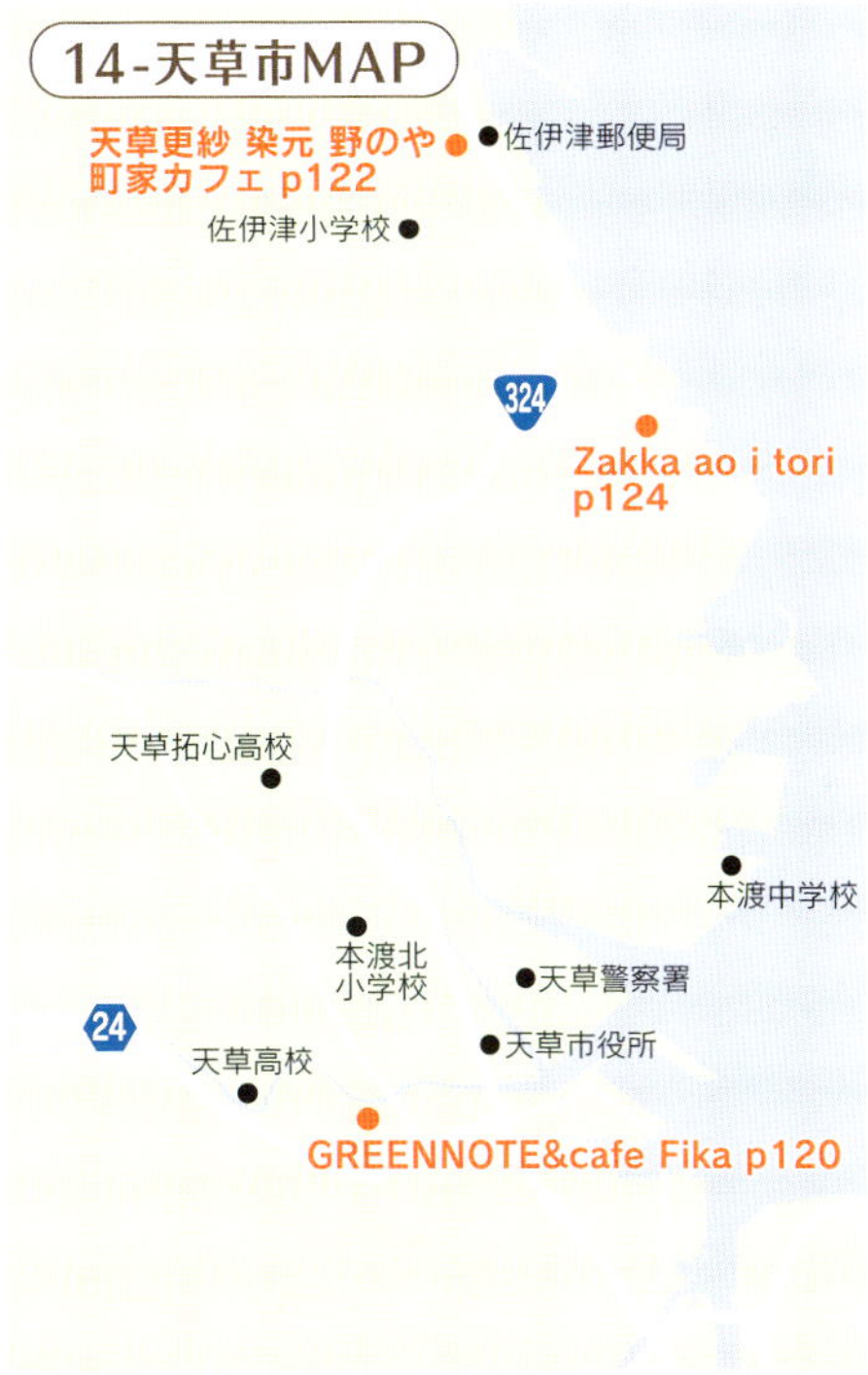
14-天草市MAP
天草更紗 染元 野のや
町家カフェ p122
佐伊津郵便局
佐伊津小学校
324
Zakka ao i tori p124
天草拓心高校
本渡中学校
本渡北小学校
天草警察署
24
天草高校
天草市役所
GREENNOTE&cafe Fika p120

8-玉名市MAP
九州新幹線
新玉名
4
Soramomo Manly
+吉田文具店 p94
玉名消防署
北稜高校
玉名中学校
玉名市役所
165
玉名女子高校
6
ゆめタウン玉名
古道具・手作り雑貨
つむぐ p96
肥後銀行
玉名
JR鹿児島本線
208

9-宇土市・宇城市MAP
川尻
JR鹿児島本線
富合
38
JR三角線
57
住吉
緑川
宇土
肥後長浜
otonari p116
Seaside Cafe 海音 p114
九州新幹線
3
網田
赤瀬
松橋
九州自動車道
スペイン石釜パン
Costa del Sol p112
宇城市役所
266
14

10-八代市MAP
14
秀岳館高校
251
KoKIN'
暮らしの雑貨とカフェ p106
八代大村橋郵便局
八代東高校
JR鹿児島本線
42
250
八代宮
八代市役所
Siesta Room p108
ハローワーク八代
八代

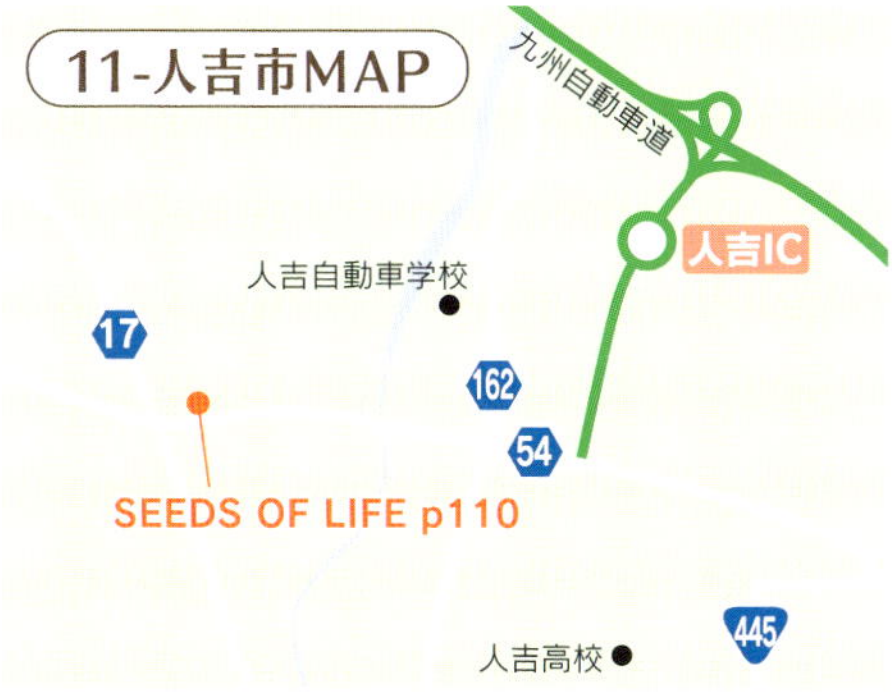
11-人吉市MAP
九州自動車道
人吉IC
人吉自動車学校
17
162
54
SEEDS OF LIFE p110
445
人吉高校

本書の使い方

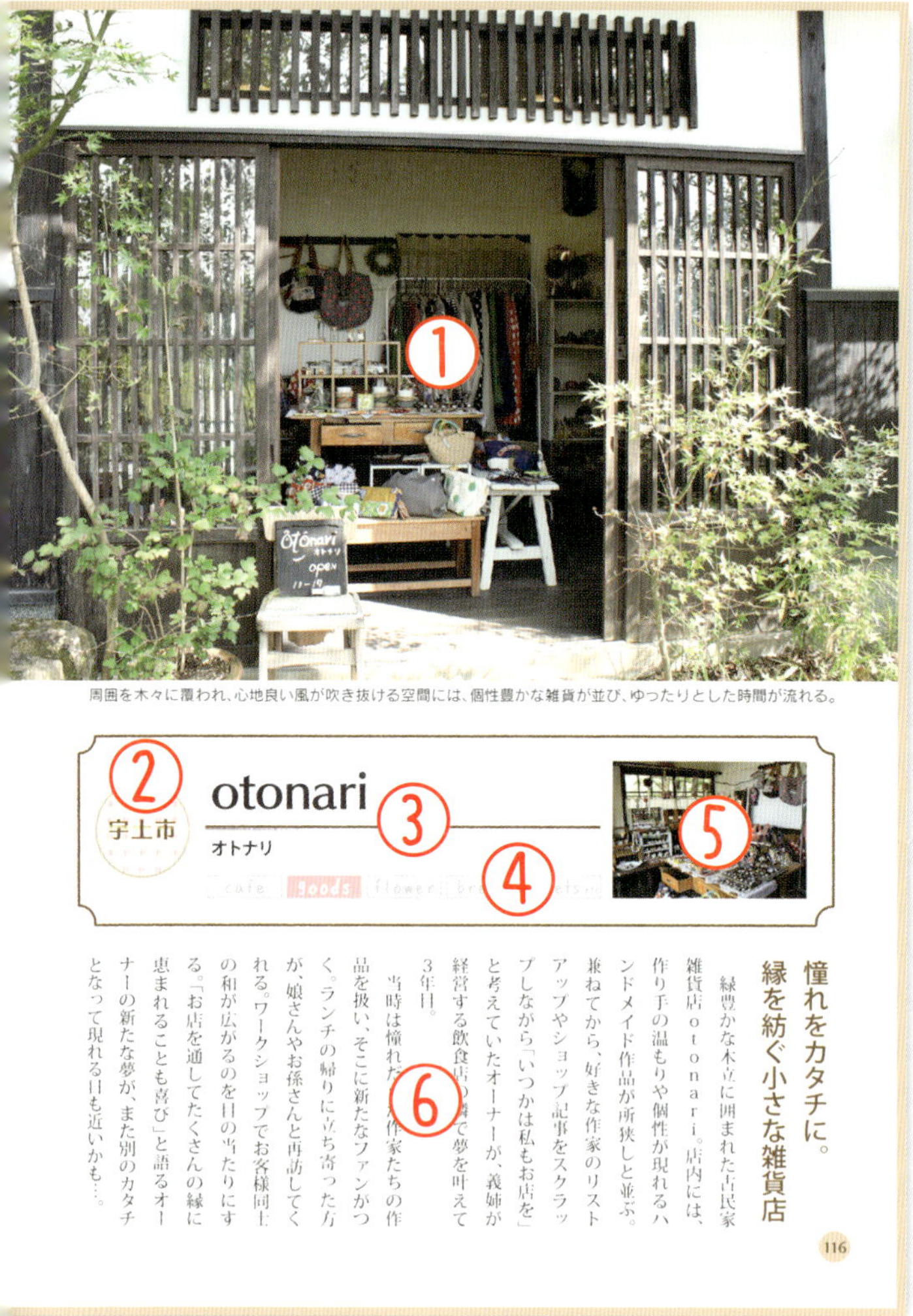
周囲を木々に覆われ、心地良い風が吹き抜ける空間には、個性豊かな雑貨が並び、ゆったりとした時間が流れる。

宇土市
otonari
オトナリ
cafe goods flower bread sweets etc

憧れをカタチに。
縁を紡ぐ小さな雑貨店

緑豊かな木立に囲まれた古民家雑貨店otonari。店内には、作り手の温もりや個性が現れるハンドメイド作品が所狭しと並ぶ。兼ねてから、好きな作家のリストアップやショップ記事をスクラップしながら「いつかは私もお店を」と考えていたオーナーが、義姉が経営する飲食店の　で夢を叶えて3年目。

当時は憧れだ　作家たちの作品を扱い、そこに新たなファンがつく。ランチの帰りに立ち寄った方が、娘さんやお孫さんと再訪してくれる。ワークショップでお客様同士の和が広がるのを目の当たりにする。「お店を通してたくさんの縁に恵まれることも喜び」と語るオーナーの新たな夢が、また別のカタチとなって現れる日も近いかも…。

116

①メイン写真

お店イチオシの写真。

②エリア

熊本市(中央区、東区、南区、西区、北区)、大津町、菊陽町、合志市、菊池市、山鹿市、荒尾市、玉名市、山都町、益城町、美里町、八代市、人吉市、宇城市、宇土市、上天草市、天草市の21のエリアです。

③店名

お店の名称と読み方です。

④ジャンル

カフェ、雑貨、花屋、パン、スイーツetc、のアイコンです。

cafe	カフェ
goods	雑貨
flower	花屋
bread	パン
sweets etc	スイーツetc

⑤外観

お店の外観や玄関、エントラストなどの写真。
お店の目印に。

⑥本文

お店の雰囲気や特徴、コンセプト、ポイントなどを判りやすく紹介しています。

⑦ クローズアップ写真

かわいい商品にかわいい店内。
お店のポイントとなるモノを
紹介しています。

⑧ メニュー or おすすめの品

メニュー及びおすすめの品を
紹介しています。金額は消費
税込みの金額を表記してます。

⑨ スタッフ

親しみやすいスタッフからの
コメントやおすすめポイントを
肩書き・名前と共に紹介してい
ます。

⑩ お店のデータ

電話番号

交通アクセス
最寄りの公共交通機関等から
目安の時間を表記してあります。

住所
お店の住所を表記してあります。

営業時間
お店が開いている時間。閉店時間
とオーダーストップ（OS）時間を
表記してあります。

ランチ時間
ランチの時間を表記してあります。

総席数
総席数を表記してあります。

喫煙の有無
喫煙が可能かを表記してあります。

店休日
店休日を表記してあります。

駐車場
駐車場がある場合、台数を表記し
てあります。

CARD カードの有無
クレジットカードが使用できるか
を表記してあります。

⑪ 小マップ

お店周辺のマップです。
道路やランドマークを簡略化
して表記しています。
また最寄りの電停やバス停、
駅名を表記しています。

※本書に記載した情報は、すべて2015年10月現在のものです。商品や値段、営業時間の内容などが変更になる場合があります。事前にお問い合わせください。
※掲載順は、順不同になっています。特定のお店をお探しの場合は、INDEX（p.126～p.127）をご覧ください。
※商品の値段は数量が明記されている場合を除き、全て1個の値段（税込み）です。詳細は各お店に、お問い合わせください。

店長いちおしのお茶はきれいな緑色をした四川野生苦丁茶。内臓の汚れを落とす効果がある。

中央区

茶坊 玉蘭

サボウ ギョクラン

cafe goods flower bread sweets etc

古民家で癒される本場中国茶専門店

お店の場所がわからず初めて訪れる人がほぼ迷いながら来店するという知る人ぞ知る熊本でも数少ない中国茶専門店。中国出身の前オーナー「玉蘭」さんの名前からつけられたこのお店はひとたび足を踏み入れると古民家を改装した店内が和と中国小物がほどよく融合した落ち着いた空間で1人でも数人できても思わず長居してしまう居心地のいい場所。

毎月変わるお茶をはじめ常時50種類の茶葉があり、「体調や気分によってお客様ごとにその日おすすめのお茶を提案します。気軽にご相談下さい」とにこやかに話す現オーナー。玉蘭さんが中国から送ってくる急須や量り売りの茶葉も販売しており、おためし茶葉少量パックはお手軽に試せて人気。

黒蜜がかかった杏仁豆腐はやさしくさっぱりとした味わい。

Menu

- 四川野生苦丁茶……………………750円
- 菊花茶……………………………………550円
- 海老チリセット………………1,100円
- 杏仁豆腐………………………………260円

中国の路地裏に迷い込んだかのような店内の一角。「え、ここは本当に日本?」と混乱しちゃう。

築100年以上の古民家を改装した店内は日本と中国の融合。靴を脱いでゆっくりくつろいで。

花が咲く工芸茶など目で見ても楽しめるのも魅力の一つ。

日本人になじみ深い烏龍茶も数種類あり、ここでいただくと香りの良さと味に皆が驚くという。

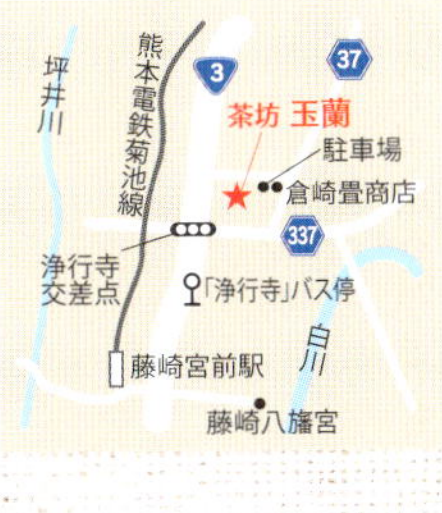

茶坊 玉蘭

☎096-344-5658

- 「浄行寺」バス停から徒歩約3分
- 熊本市中央区薬園町1-9
- 11:30〜15:30(OS14:30)、18:30〜22:00(要予約)
- 11:30〜15:30(OS14:30)※火・木・金・土のみ
- 23席
- 全席禁煙
- 水曜 ※ランチは日・月なし
- 8台(店舗から駐車場まで約70m)
- CARD 不可

スタッフ 岩木牧子さん

海老チリなどのランチメニューもあります。お茶だけでもお気軽にどうぞ。

スキンケア、ヘアケア、ルームフレグランスなどをはじめ、ハーブや紅茶、ジャムなども揃う。

中央区

ハーブ&アロマテラピーの専門店 VERDE

ハーブアンドアロマテラピーノセンモンテン ヴェルデ

cafe goods flower bread sweets etc

自然な香りを求めて たどり着くアロマ店

熊本で27年もの間、自然の香りを求め多くの人に親しまれているヴェルデ。選び抜かれた上質の香りが心地よいさまざまな商品が店内には溢れている。なかでも日本生まれのラ・カスタ製品は北アルプスの天然水を使用し日本女性に合うよう研究して作られたオーガニックの精油と植物原料を使ったブランド。シリーズのラインナップは他にはない品揃えで発売当初(平成8年)から取り扱う人気の品。

常時10種類程あるハーブは体調にあわせて相談しながら選んでもらえるのでハーブティにしたりサシェにして香りを楽しむのも○。ここのハーブを使った西原村スプートニク製のジャムや西洋風の雑貨などアロマ商品以外のものも見るだけで楽しい。

2種類の素材をブレンドしたジャム。ブルーベリー×バナナなどが人気。

Item
- ●ラ・カスタ　ヘッドスパブラシ…2,700円
- ●ラ・カスタ　ホワイトローズシリーズ…1,944円～
- ●エッセンシャルオイル(6ml)…972円
- ●紅茶ティーバッグギフト… 1,080円

ピアスやペンダント、レターセットやマグカップなど1点ものの雑貨も。ギフトにも喜ばれる小物たち。

不眠やストレスなどの現代病緩和にオリジナルのハーブティをブレンドしてみては?

プレゼントに人気の大人かわいいメモパッド562円。

イタリアフィレンツェのDerbeシリーズも品揃えが豊富。おしゃれなパッケージでプレゼントにもぴったり。

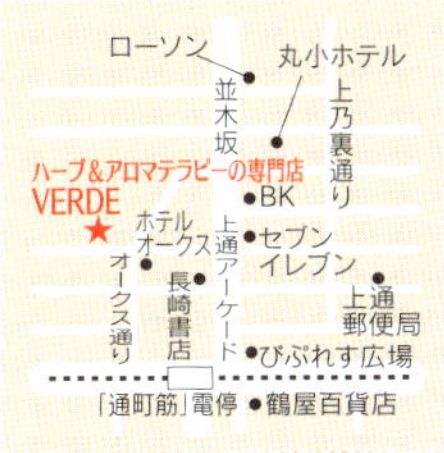

ハーブ&アロマテラピーの専門店 VERDE

☎096-359-8066
- 「通町筋」電停から徒歩約5分
- 熊本市中央区城東町5-58
- 11:00～18:30
- 第1月曜
- なし
- CARD 不可

オーナー　平美佐さん

ナチュラルな香りを生活に取り入れると気持ちに余裕が出てきますよ。

新築や模様替えなどトータルコーディネートが可能。迷った時にはショーウインドウを参考にね。

中央区

FABRIC'S

ファブリックス

cafe goods flower bread sweets etc

洋服を着替えるように気軽に部屋を着替えよう

気分を変えたい時、季節が変わる時って部屋の模様替えをしたくてうずうずしませんか？そんな時にはここファブリックスに足を運べばお気に入りのものがきっと見つかるはず。家具や調度品はなかなか買い替えないけどカバーリングやカーテンなどファブリックアイテムは簡単に替えることが出来るので手軽な模様替えに。厳選した生地を直輸入し国内にある自社工場で縫製する為リーズナブルな価格帯が実現。財布にやさしく高品質とうれしい限り。

栽培から製品化まで厳しい品質基準を管理したヨーロッパのマスターオブリネン認定の麻を使った衣料品もおすすめで、布にこだわったオリジナルアイテムが熊本から全国に発信されている。

出産祝いやギフトに人気のBABY BEARブランケット880円。

Item

- ●ポーチ…………………………450円～
- ●フェイスタオル………………450円
- ●デイリーバッグ……………1,280円
- ●キッチンマット(45cm×150cm)…2,800円

家の洗濯機で丸洗いOKのキルトカバー(200cm×200cm)5,800円～。清潔に使えるのがうれしい。

探すと意外にみつからないのが洋風のオシャレな柄の座ブトンカバー。ココで手に入れて!

マスターオブリネン認定の麻を自社工場縫製で洋服に。

ファブリックだけでなく食器やキッチン用品、ポーチ、インテリア雑貨など小物類も品揃えバッチリ。

FABRIC'S

☎096-322-5252

- 「通町筋」電停から徒歩約3分
- 熊本市中央区城東町4-7 グランガーデン熊本ビル1F
- 10:30～19:30
- 年末年始
- なし(2,000円以上購入で現金還元)
- CARD 各種可

スタッフ 松本愛結さん

模様替えって考えるだけでわくわく。一緒にお手伝いさせて下さい。

絵画やアクセサリーなど1点ものも多い。インスピレーションを大事に心ときめく出会いに感動。

中央区

アート系クラフトの小さなお店 UMU

アートケイクラフトノチイサナオミセ ウーム

cafe　goods　flower　bread　sweets etc

自由な世界観が魅力の アート系雑貨屋

おもしろい、かわいい、めずらしい、クール、かっこいいなど店内にある商品はどれも個性的でとびぬけたもの。上乃裏通りにある雑貨屋「UMU」はオリジナリティに溢れた作品がわずか5坪ほどの空間に所狭しとならんでいる。ユニークな手書きのイラストは思わず手に取ってニヤリとしてしまい、他には無い鮮やかな色あわせに驚き、緻密で丁寧な作りに関心したりと訪れる人が作品ともよべる品々に魅了されていくのがおもしろい。

これらの作品、実は障がいがある人たちが作ったもの。アートとも呼べる作品たちは障がいの有無に関係なく「いい物」だから、リピーターが多いのも納得で自分とは違う感性に驚きと感動を与えるとっておきの雑貨屋さん。

熊本名物「からし蓮根箸置き」はお土産や贈り物にも。猫の掛け時計もキュート。

Item
●焼き菓子……………………180円〜
●肥後の竹ばし…………………200円〜
●ガラスアクセサリー…………648円〜
●頒布トートバッグ…………2,160円〜

Tシャツやバッグなどファッション系も充実。手描きペイントした靴は隈取の表情に心奪われる。

枯れ葉を折った「折り葉」や点字新聞のミニ紙バッグなど他では見ない商品も。

な、なんと納豆をパックごと描いたフラットポーチ1,944円。

色彩が鮮やかなnonocimaタイツ3,460円はリピート率が高い人気の品。レギンスタイプも有。

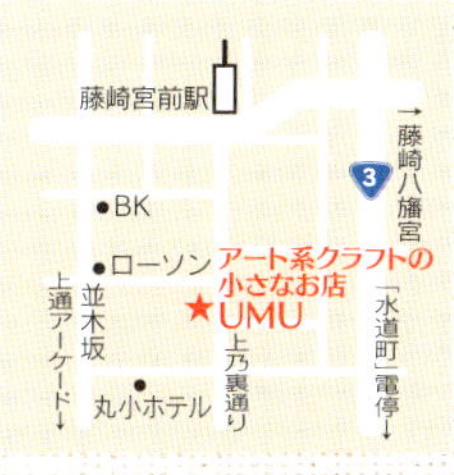

アート系クラフトの小さなお店 UMU

☎096-221-9326
「水道町」電停から徒歩約8分
熊本市中央区南坪井町1-17
12:00〜20:00
火曜
なし
CARD 不可

スタッフ 金子千里さん
不定期で野菜も販売していますよ。気軽にお立ち寄り下さい。

常時5 ～ 7種類の中から選べる手作りケーキセット780円～。今日はどのケーキにしようかな？

中央区

岡田珈琲 サテライト店

オカダコーヒー サテライトテン

cafe goods flower bread sweets etc.

昔と変わらぬ味に ホッとする老舗珈琲店

昭和20年、今から70年前に創業した歴史ある珈琲店が上通り入口にある。二階にある扉を開けるといらっしゃいませの声がおかえりなさいと聞こえるようでどこか懐かしい雰囲気。それもそのはず、店内は創業当時からほぼ変わらずテーブルや椅子も補修や張り替えをしながら大事に使っている。

自家焙煎のコーヒーは深めのローストでホイップした生クリームがついてくる。ブラック派の人でも思わず入れて飲んでしまうそうでコーヒーの味とともに創業当時のまま。いちごやブルーベリー、栗など旬のものを使ったケーキ、コーヒーを隠し味にいれた自家製ビーフカレーなどその時のお腹と相談しながら時間を忘れてゆっくりできる自分だけの口福の瞬間を。

自家焙煎のハンドドリップコーヒーは気に入った有田焼の器で。

Menu

- ●岡田ブレンド……………………480円
- ●巣ごもりカレードリアセット…1,100円
- ●クロワッサンセット……………980円
- ●あつあつアップルパイセット…860円

毎朝焼きたての自家製クロワッサンを使ったサンド。ボリューム感たっぷりで食べ応えバッチリ。

買い物や仕事の合間に気軽に立ち寄れる立地。ホッと一息ブレイクタイム。

5時間煮込んだりんごを使ったアップルパイやハニーインオーレは女性に人気。

コーヒーは創業以来変わらぬ味。ずっと守り受け継がれたこの味が常連客が愛し続ける秘密。

岡田珈琲 サテライト店

☎096-356-8881

- 「通町筋」電停から徒歩約1分
- 熊本市中央区上通1-20-2F
- 9:00～23:00
- 11:00～15:00
- 32席
- 空間分煙
- 元旦
- なし
- CARD 不可

店長 久保田洋平さん

心を込めたおもてなしとコーヒーはどこにも負けません。

ソフトクリームにたっぷり抹茶をかけ、小豆や栗、チーズケーキなどをトッピングした季節の茶以香パフェ。

中央区

お茶の堀野園 茶以香

オチャノホリノエン チャイコウ

cafe goods flower bread sweets etc

和の心を匠に味わう 日本茶専門店の茶店

１９６０年創業の老舗茶屋が「お茶本来の美味しさをもっと多くの人に知ってもらいたい」との思いでオープンした緑茶カフェ。茶室と熊本城の石垣をイメージした全面ガラス張りの外観から店内へ進むと、丸い飛び石や腰掛けの畳スペースに和傘、川をイメージした通路など日本文化と伝統を取り込んだ和の空間が広がる。お茶や抹茶シェイクなど手軽に楽しめるＢａｒカウンターがあり、奥に進むとお茶やお菓子、茶器やお土産の販売コーナー、さらに奥へ進むと深むし茶やすすり茶をはじめスイーツを楽しめるカフェへとたどり着く。日本茶インストラクターの資格を持つオーナー、日本茶講座も定期的に開催しているので、美味しいお茶の入れ方をマスターしよう。

注文を受けて抹茶を練り込む抹茶ソフトクリーム、トッピング50円～。

Menu

●深むし茶(温･冷)	400円
●抹茶ソフトクリーム	350円
●抹茶フォンデュ	550円
●茶以香パフェ	600円

幾何学格子のガラス張りに目をひく外観。茶室の世界へ入るという意味で、にじり口をイメージした三角形の入り口がユニーク。

急須や茶筒、茶道関連の茶器、ティーカップや焼酎用のカップなど、意外性のものが揃う。

くまモン缶に入った深むし茶。タンブラーなど関連グッズが揃う。

高級な抹茶に濃厚なホワイトチョコを練り込んだ抹茶フォンデュ、白玉きなこや日替わりの菓子とともに。

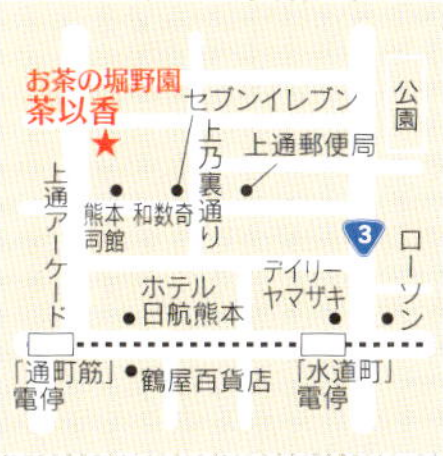

お茶の堀野園 茶以香

☎096-355-1100
「通町筋」電停から徒歩約5分
熊本市中央区上通町7-10
10:00～20:00(OS19:30)
なし
23席
全席禁煙
無休
なし
CARD 各種可

代表 堀野裕一朗さん
経験したことのない本物の味、感動を味わいに来て下さい。

様々なナッツ類やドライフルーツ、製菓・製パン用のミックス粉、パッケージまで揃うSWEET KITCHEN。

中央区

WHOLE SQUARE

ホール スクエア

cafe　goods　flower　bread　sweets etc

日本と世界各地の食に出会えるフードストア

外食産業への原材料の提供やコンサルタントなどを行う食の総合商社・(株)丸菱のフラッグシップショップ。店内にはプロ向けから一般ユーザー向けの商品、産地や無添加にこだわった商品まで、幅広い食の商品が満載。製菓・製パンの材料や道具が揃う「SWEET KITCHEN」、国産素材の無添加食品を集めた「佳い食」、イタリアンレストランの「SQUARE's TABLE」、イタリアン食材のフードマーケット「Italian Grocery」の4つのエリアがあり、2階には料理教室などを行うアカデミーもある。ここに来るだけで、「買う」「食べる」「学ぶ」が楽しめるのだ。

またグループ会社のMARSが作っているシャルキュトリー(食肉加工品)もラインナップ。

MARSのオリジナルシャルキュトリーと牛乳、チーズなどの乳製品。

欧州の各地のワインも豊富に揃う、イタリアを中心にした食材のマーケットコーナー Italian Grocery。

Item

- ●ナッツ類…………………………160円～
- ●シャルキュトリー(100g)　…430円～
- ●マースの乳製品(200mℓ)　……330円～
- ●キッチンエイドKSM5 …69,800円

ドライエージングビーフ(熟成肉)が気軽に味わえるSQUARE' s TABLE。

泡立てマシン「キッチンエイドKSM5」は、製菓・製パンの強い味方。

体に優しい、健康的な日本素材の食材を集めた佳い食。醤油などの調味料や玉子などの食品まで扱っている。

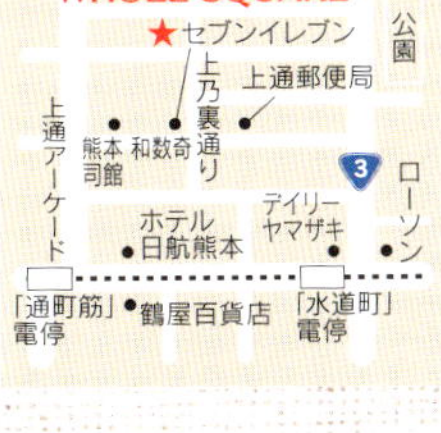

WHOLE SQUARE

☎096-353-3441

- 「通町筋」電停から徒歩約5分
- 熊本市中央区上通町9-13 トーカンマンション1F
- 10:00～19:00(アカデミーは～18:00)
  SQUARE' s TABLE11:30～22:00(OS21:00)
- 11:30～14:00
- 26席　全席禁煙
- 第1･3月曜(時期によって不定休あり)
- なし
- CARD 各種可

店長 田添邦敏さん

WHOLE SQUAREで、様々な食の楽しみに出会って頂ければと思います。

車のミラーに取り付けると太陽の光で虹色に。朝日や夕日など時間によって変わるきらめきを体感。

中央区

Crystal Vesta

クリスタル ヴェスタ

cafe　goods　flower　bread　sweets etc

虹の輝きが届けてくれる幸運のおくりもの

4年前、オーナーは家族や自身が難病にかかり辛い時に出逢ったというサンキャッチャー。病室や自宅の部屋を虹色の光でいっぱいにし心身癒された経験をもとに「皆様を虹の光で笑顔にしたい」と「愛と光のプロジェクト」を立ち上げた。

サンキャッチャーとはクリスタルガラスが太陽の光を浴びて輝き、プリズム効果で虹の光のかけらを作り出す光のインテリアのこと。ここでは最高級のスワロフスキークリスタルを使用し、好みのパーツを選びイメージに合わせてその場でオリジナルを制作してもらえる。室内のカーテンレールに簡単に取り付けられるものから、バースデークリスタル、風水アイテム、エンジェルストーンなど自分にあった煌めきに出逢えるだろう。

スタンドタイプは風水アイテムとして寝室や玄関、トイレなど邪気のたまる場所に置くのもおすすめ。

Item

- ●車用……………………………2,850円～
- ●室内用…………………………2,550円～
- ●スタンドタイプ………………3,000円～
- ●ストラップ……………………1,450円～

店内には約400点以上のサンキャッチャーが虹の輝きを発光し、光に包まれる空間となる。

自分用はもちろんギフトにも喜ばれる車用やオーロラ加工が人気。

エンジェルカードからメッセージを受け取り貴方だけのオリジナルサンキャッチャーを。19,800円～（要予約）。

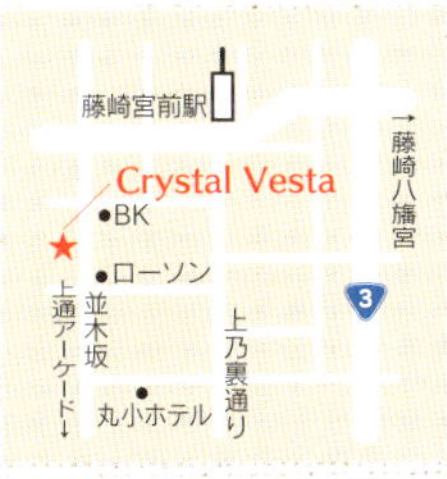

Crystal Vesta

☎096-352-8090

熊本電鉄菊池線「藤崎宮前駅」から徒歩約3分

熊本市中央区上林町3-38 パレイシャル生駒2 1F

11:00 ～ 19:00

水曜

なし

CARD 各種可

サンキャッチャーセラピスト 田尻りえさん

皆様の思いを形にしたサンキャッチャーをご予算に合わせてお作りします。

完全栄養食といわれる玄米を平成元年の開店当初から取り入れたこだわりの玄米定食(ランチ限定)。

中央区

画廊喫茶 三点鍾

ガロウキッサ サンテンショウ

cafe goods flower bread sweets etc

人と人の重なりが紡ぎ出す憩いの空間

熊本市役所裏にある、落ち着いた雰囲気の画廊喫茶。10日ごとに入れ替わる展示物は絵画だけではなく、書や写真、革工芸やパッチワークなど来る度に違った作品と出会え、作家さんが来店しているときには直接作品について話が出来る貴重な出会いの場。「人と人が重なって色んな縁で結ばれ集まれる憩いの場となるように」とつけられた店名のように、人も作品も一期一会の出会いとなっている。

三点鍾といえば玄米定食と常連さんがおすすめするのが開店(平成元年)当初からの続く玄米のランチ。ビタミン・ミネラルが多く含まれ食物繊維が豊富な県産玄米を使った定食は栄養バランスに優れ、健康を気遣う人や美容が気になる女性に是非食べて欲しい一品。

冬限定のぜんざいは餅と栗が入ってホッとする甘さ。

Menu

- ●玄米定食(コーヒー、デザート付)…800円
- ●カレーライス(夏限定、冬はハヤシライス)…900円
- ●コーヒー……500円
- ●抹茶(お菓子付き)……500円

野菜たっぷりのピザ風味ホットサンドは750円でコーヒー・デザート付。常時あるので遅めの昼食にも。

雰囲気に溶け込んだ季節ごとに入れ替えるステンドグラスランプも作家さんの販売品。

コーヒー(またはティー)付きのタルトセット750円。単品だと500円。

カウンターとテーブル席がある店内は、展示物の鑑賞時に他のお客様に邪魔にならない気遣いの配置。

画廊喫茶 三点鍾

☎096-326-3040

「通町筋」電停から徒歩約3分
熊本市中央区手取本町3-8 有明ビル3F
11:00～19:00
11:00～14:00(玄米ご飯があるまで)
25席
喫煙可(1本まで)
火曜　※ランチは日・祝日なし
なし
CARD 不可

オーナー 小山淡花子さん

オーダーの待ち時間や食事中など作品を見ながらゆっくりして下さい。

じっくり煮込んだ優しい味わいのビーフハヤシ。フライオニオンや焼きトマトのトッピング付、972円。

中央区

長崎次郎喫茶室

ナガサキジロウキッサシツ

cafe　goods　flower　bread　sweets etc

悠久の時を経て歴史の呼吸を感じるひととき

創業明治7年、国登録有形文化財に指定され、森鴎外や夏目漱石、小泉八雲なども足を運んだとされる由緒ある長崎次郎書店の2階にある喫茶室。「城下町である新町の風情と路面電車の見える風景をゆっくり楽しんで頂きたい」と当時、事務所だった部屋を改築し、天井梁や三連アーチ窓枠、柱など建築当時のままを残し喫茶室として開業。扉を開くと笑顔の素敵なオーナー夫妻が出迎えてくれ、居心地の良いノスタルジックな空間が心地よい。

　地元の醤油を使ったケーキや山鹿市の復刻紅茶、自家焙煎店「岩下珈琲」の豆で入れる挽き立て珈琲など熊本ならではの味わいを楽しみつつ、約300冊の文庫本や絵本を自由に観覧しながらゆっくりと過ごして欲しい。

次郎ブレンド～ Jブレンド～ 594円(右)。手軽に味わえるドリップ120円。

Menu

- チキンカレー(スープ付)…………864円
- ナポリタン(スープ付)……………918円
- ホットサンド(スープ付)…………918円
- ケーキor和菓子セット…………810円

窓際席からは城下町の新町と路面電車の風景を独占。電車のガタンゴトンと走る音が心地よい。

明治21年のリードオルガンや大正4年の蓄音機など歴史を感じるアイテムがさりげなく配置。

オーナーおすすめのバニラカフェゼリー 734円、ぜんざい624円。

書店で使用していた大正時代の帳簿や歴史にまつわる本をディスプレイ。実際に手に取って見る事も可能。

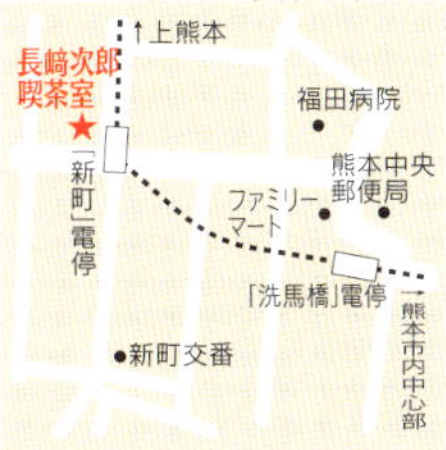

長崎次郎喫茶室

☎096-354-7973

- 「新町」電停から下車徒歩すぐ
- 熊本市中央区新町4-1-19 2F
- 11:26 ～ 18:26(OS)、(土・日・祝は～ 18:00)
- なし
- 30席
- 全席禁煙
- 水曜
- 提携コインパーキングあり
- CARD 各種可

オーナー夫妻 長﨑圭作さん 澄子さん

電車の音の風景と新町の景色をゆっくり眺めていただきたいですね。

使用する革は、年月とともに深みが増すイタリアンレザーがメイン。本場から直接取り寄せている。

中央区

atelier mojoca

アトリエ モジョカ

cafe　goods　flower　bread　sweets etc

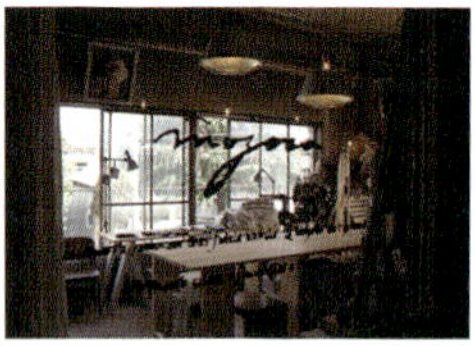

持つほどに表情が深まる革製品のアトリエ

レザークラフトマンの西さんの工房で、毎月1日～5日までの5日間だけオープンしている。西さんは独学で革製品を学び、財布やアクセサリー、オブジェなどを様々な革製品を手がけ、県外でも展示会などに出展している人。ほとんどの作品がオーダーメイドか展示会での販売とのことで、オーダーメイドの場合、革を選ぶ所から打ち合わせを始め、好みや趣味などを反映させながら制作。完成まで10ヶ月ほど掛かることもあるそう。長年持つほどに色合いや馴れた感じが出て、表情を変えていくのが革製品の魅力。それを一から作ってもらえるのだから、特別な品になるのは間違いない。

　アトリエなので、訪ねる際はできるだけHPからメールで予約を。

長財布の作品だが、ストラップをつければクラッチバッグにも。

Item
- ●長財布……………………18,000円台～
- ●手帳………………………10,000円台～
- ●スマートフォンカバー…6,000円台～
- ●アクセサリー……………1,800円台～

植物などをモチーフにした革のオブジェ。西さんの個性的なセンスが表現されている作品だ。

血管の動脈・静脈をモチーフにしたアクセサリーなど人体アクセサリーは他には無い個性的な品。

ユニセックスで使えるスマートフォンカバーや財布はギフトでもOK。

ブローチやペンダントになる本を模したアクセサリーヘッド。本の中身も西さんが手書きしている細やかさ。

atelier mojoca

☎090-2078-5300

※作品制作中は集中している為電話にでないこともあり。なるべくメールでお問合せを。info@mojoca.jp

- 「交通局前」電停から徒歩約5分
- 熊本市中央区九品寺4-1-6 イワサキビル2F
- 11:00～17:00
- 6日～月末(オーダの予約等は応相談)
- なし(近隣に有料Pあり)
- CARD 各種可(5,000円以上)

オーナー 西ひとみさん

mojocaは方言で可愛いという意味。世界にmojocaを発信したいです。

ディスプレイされているテーブルや椅子の配置、その選び方など、コーディネートの参考にもなる店内。

中央区

hails

ヘイルズ

cafe goods flower bread sweets etc

白夜の国から届いたヴィンテージ家具

冬が厳しい北欧のデンマークやフィンランド、スウェーデンの、1950～1970年代のヴィンテージ（ユーズド）家具と雑貨を扱っている。家具については、家具づくりを勉強した店主が自ら当地に出向き、その目で状態の良い品をチェック。ヴィンテージの良さを損なわないよう、注意を払ってリペアされた品がショップに並ぶのだ。

細部まで丁寧に仕上げられた職人の技、飽きのこない洗練されたデザイン、生かされている木肌の質感やファブリックの風合い。快適でシンプルながらしっかりとした存在感を持つ品たちは、1つ部屋にあるだけで空間が豊かになるようで、「良い物を長く愛する」そんな精神を感じさせてくれる。

布張りのダイニングチェア。丁寧にリペアしてあるので使い心地も快適。

Item

- ●ダイニングチェア……… 29,000円
- ●Anti Pot…………………… 20,000円
- ●コーヒーカップ……………4,000円～
- ●テーブル敷き……………………1,850円

赤が印象的なAnti Pot。フィンランドの工業デザイナー アンティ・ヌルメスニエミのデザイン。

古い布を使ったテーブル敷きやファブリックパネルなどの小物も。

ダイニングチェアも様々な色や布使いのものがあり、1脚ずつセレクトして集めるのも楽しそう。

カップ類も色々と揃い、渋い色合いのデンマーク、明るい絵柄のスウェーデンなどお国柄があるのもまた面白い。

hails

☎096-382-8681

「東出水」バス停から徒歩約2分

熊本市中央区上水前寺2-24-12

11:00～19:00(土・日曜、祝日～18:00)

火・水・木曜(火・木曜の来店希望は応相談)

3台

CARD 各種可

オーナー 野原さん

暮らしの快適さにこだわった北欧家具の良さを感じてみてください。

ほぼ全種類を揃えているmtのマスキングテープ。たくさんあるのでお気に入りの柄がきっと見つかるはず！

中央区

Select SHOP nëco

セレクトショップ ネコ

cafe goods flower bread sweets etc

にゃんこスタッフがのんびりお出迎え

ガラス張りの外観の下を覗くとゴロゴロとひなたぼっこしながらお昼寝しているご様子のネコさまを発見。扉を開くとさらにもう一匹。ここはネコ好きにたまらない白壁と水色のスタイリッシュな外観が目印の小さな文具雑貨店「Select SHOP neco」。「好きな文具雑貨と愛猫に囲まれて仕事がしたい、自分が好きなものでみんなを癒したい」そんな思いをニコリと話す気さくで笑顔が素敵な山本オーナー。

日本の杉チップがお腹につまったムーンアニマルの癒されぬいぐるみや、ユニークな付箋やペンなどの文具がずらりと並び、乙女心をくすぐる空間で、のんびりにゃんこ達と遊びながらお気に入りを見つけよう。

絵本の世界から飛び出たかのようなアイロンで装着するアップリケ。

Item
- ●珈琲豆……………………………300円～
- ●アップリケ………………………411円～
- ●オリジナル缶バッチ……………500円
- ●ヘアゴム…………………………864円

フィンランドで愛されているRobert's Coffeeのムーミンパッケージ。ブルーベリーやチョコミントなど全6種類。

カラフルなオリジナルのヘアゴムやブローチは人気商品。好きな柄のオーダーも時には可能。

文具やネコ雑貨をはじめ、マグカップやお弁当箱などのキッチン雑貨、子供服などバラエティ溢れる品揃え。

スタッフのジュニアくんとうめさん。やや太めのボディが愛らしい。

Select SHOP nëco

☎096-202-5037

「帯山六丁目」バス停から徒歩約2分

熊本市中央区帯山6-3-65

11:00～19:00

火曜

2台

CARD 不可

代表 山本麻衣さん

可愛い文具雑貨と2匹のネコがいるのでに会いにきて下さいね。

ショーケースからお好きなケーキをチョイスしアレンジしてもらえるアートプレート。

中央区

ドゥ・アート・スペース帯山店

ドゥ・アート・スペースオビヤマテン

cafe goods flower bread sweets etc

和と洋が織り成すアートスペース

アート作品を発表できるギャラリースペースと、お菓子を楽しむカフェスペースがお菓子の香梅の店舗内に併設。「お菓子をひとつのアートと捉え、色々な作品と同じ空間で表現したい、さらにカフェで楽しんで頂き、自宅でもアレンジし楽しんでいただきたい」という願いのもとに創られたドゥ・アート・スペース。

ギャラリーでは絵画展や様々な作品展、ピアノも完備しており時にはライブ会場とし、多彩なイベントが開催されている。赤と緑、石を基調とした店内は、ガラス張りで光が差し込む明るい開放的な空間となり、生産機器のリメイクテーブルとカッシーナの赤い椅子がユニークで非日常的なティータイムとなるだろう。

工場の配管や生産機器を手造りでリメイクしたテーブルをカフェで使用。

フレンチ仕立てで、しっとり焼き上げたバウムクーヘン。自家製餡や生クリーム、選べるソースのトッピング付。

Menu

- ●アートプレート(ドリンク付)……772円
- ●ふれんちバウム(和紅茶付)………772円
- ●ふれんちカステラ(和紅茶付)……772円
- ●お抹茶と楽しむ上生菓子(お抹茶付)…540円

光溢れる階段状の劇場の様なギャラリースペース。作品展示や音楽会場としても利用できる。

和菓子職人が丁寧に造り上げた上生菓子。京都のお抹茶とともに。

お菓子の香梅に併設しているカフェスペース。ゆっくりくつろいだ帰りにお土産も一緒に購入できる。

ドゥ・アート・スペース帯山店

☎096-381-8681

- 熊本赤十字病院から車で約5分
- 熊本市中央区帯山7-6-84
- 9:00 ～ 20:00※カフェ～19:00(OS18:30)
- なし
- 15席
- 全席禁煙
- 無休
- 10台
- CARD 各種可

店長 中上葉月さん

お客様に合わせてスイーツのプレートにデザインしますよ。

卓上用からユニークなスポーツシリーズまで、ずらりと掛けられたたくさんの異なるほうきがお出迎え。

中央区

OPEN STUDIO

オープン スタジオ

cafe goods flower bread sweets etc

作り手の温もりと想いが伝わるアートな世界

本荘町の住宅地に入ると、約30年程自生したツタに覆われた四角い佇まいが目印のクラフトショップ「OPEN STUDIO」。独特の外観からまるで別世界に吸い込まれるかのように扉を開くと、ほうきや薪ストーブ、すずの食器、吹きガラス、銅製品やアクセサリーなど幅広いオリジナルの作品が並び、奥には職人達が技を光らす工房がある。さらにお手製の螺旋階段を登ると、たくさんのほうきが目にとまる。ほうきキビを使用したほうきの数々は全てオリジナルで柄の部分は竹刀やラケット、三味線など「穴があけばオリジナルをお作りしますよ」と笑顔で話す太郎氏。思い出の品をほうきに変身させ掃除はもちろん、インテリアとして飾り思い出に浸るのもいいだろう。

卓上用のミニほうきや、銅のチリトリはササッと使える手軽さが人気。

Item

- ●ほうき……………………648円～
- ●チリトリ…………………4,860円～
- ●すず製品…………………2,916円～
- ●銅トレイ…………………9,720円

ワーロンシートをレリーフ状にした幻想的なオリジナル照明。天井からのつり下げタイプや筒状など様々でオーダーも可能。

「NIPPONの47人 2013 CRAFT」の熊本代表として展示された銅の四角い一輪挿し、5,400円～。

古き時代から愛されているすずの食器や酒器が多く揃う。高いイオン効果によりお酒がまろやかな味わいに。

木工家「酒井航」氏によるハンドメイドの木製食器972円～。

OPEN STUDIO

☎096-366-5964

- 「南本荘」バス停から徒歩約5分
- 熊本市中央区本荘町672-2
- 9:00 ～ 18:00
- 無休
- 3台
- CARD 各種可

工芸家 髙光太郎さん

生活を豊かにする物たちを揃えています、どうぞお立ち寄り下さい。

中央区

Long beach

ロングビーチ

cafe goods flower bread sweets etc

ピアスやネックレス、ブレスレット、スカーフピン、ヘアピンなどハンドメイドの1点ものや、ネイルに関するグッズなど多数取り揃えている。

アメリカンピアスやふわふわ系などため息が出る程可愛い物ばかり。

Item
- ●ピアス……………………550円～
- ●ジェルネイル……2,700円～

サンプルは女子好みのネイルデザインが豊富で初心者でも安心できる。

トートバック700円、ネイル施術の方にはドリンクサービス。

世界にひとつだけのアイテムに出逢える

「カフェに来たようなホッとリラックスできる空間」をコンセプトにネイルサロンとして独立された湯浅さん。「友達の家」のような感覚でゆっくりおしゃべりをしながらくつろいで欲しい。そんな気さくなオーナーが作り出すハンドメイドのアクセサリーは可愛らしい物からシックな物が揃い、自分用はもちろんギフトにも喜ばれそうな物ばかり。オーダーもしてくれるので気軽に相談してみては。

Long beach

☎090-9792-6345

熊本電鉄菊池線「藤崎宮前駅」から徒歩約2分
熊本市中央区南坪井町8-5-406
11:00～20:00(完全予約制)
不定休
なし
CARD 不可

代表 湯浅のぞみさん

ネイルがメインですが雑貨も増やしてますのでお気軽にご連絡下さい。

中央区　Sabury popcorn

サブリー ポップコーン

cafe　goods　flower　bread　sweets etc

ポップコーンで作るアクセサリー(400円〜)はオーダーする事も可能。

Menu
- ●プレミアムキャラメル…280円〜
- ●ギフトセット…………300円〜

ギフトに喜ばれるジャータイプから気軽に食べれる袋タイプをご用意。季節に合わせた限定フレーバーもあり毎回訪れるのも楽しみ。

可愛いラッピングのギフトセットは予算に合わせて気軽に相談しよう。

甘い香りがいっぱいに広がる店内。

甘くはじける笑顔でHAPPYなひとときを

みんなを笑顔にするファンフードに可能性を見出し、グルメポップコーンの専門店を熊本に上陸させたオーナー。材料にもこだわり、純国産の砂糖や黒糖、ココナッツオイルを使用し上品で風味豊かな味わいを造りだす。キャラメルをはじめ、チェダーチーズをたっぷりコーティングしたプレミアムチーズやクーベルチュールチョコのショコラクリスプなどその日の気分でチョイスしよう。

Sabury popcorn

☎096-354-9620
- 「本山通り」バス停からすぐ
- 熊本市中央区世安町327-3 リバティ世安1F
- 10:00 〜 18:00
- 日曜・祝日
- 2台
- CARD 不可

マネージャー 佐分利理恵さん
プレゼントに最適なオリジナルアクセサリーも販売していますよ。

中央区

裏ベンチ

ウラベンチ

cafe goods flower bread sweets etc

バナナやりんご、ブルーベリー、小松菜やヨーグルト、豆乳、ナッツなど栄養価の高い食材を使用。素材の甘味や風味をまるごと楽しめるスムージー。

8種類のスパイスを配合した自家製ジンジャーシロップ1,650円。

Menu

- ●スムージー…………430円～
- ●ホットジンジャー…500円

ずらりとお酒が並ぶ背もたれ付きカウンターやゆっくり寛ぐソファ席も。

野菜&果物スムージーで手軽に栄養補給

10年間バーを営んだオーナーが、身体に優しいスムージーを楽しんで欲しいと14時からのバーとして路地裏に移転。八百屋と相談しながら旬の野菜や果物を仕入れ、知り合いの栄養士や常連客の意見を取り込んだこだわりのスムージー。黒板には7~8種類のメニューに疲労回復や血液サラサラなど効能をわかりやすく表記。テイクアウトOKでリピーターも多く、幅広い年齢層に好まれている。

きび糖やてんさい糖、はちみつで漬けたレモネードは格別。

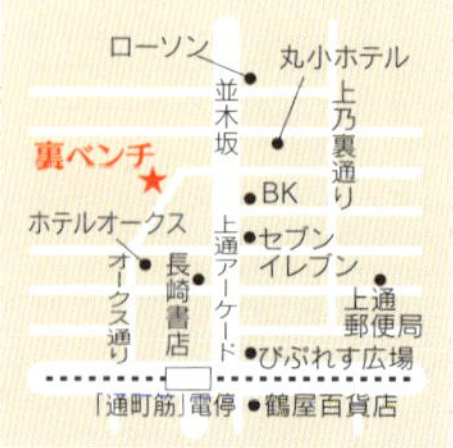

裏ベンチ

☎096-355-9696

- 「通町筋」電停から徒歩約5分
- 熊本市中央区城東町5-46
- 14:00 ～翌3:00
- なし
- 20席
- 喫煙可
- 木曜
- なし
- CARD 不可

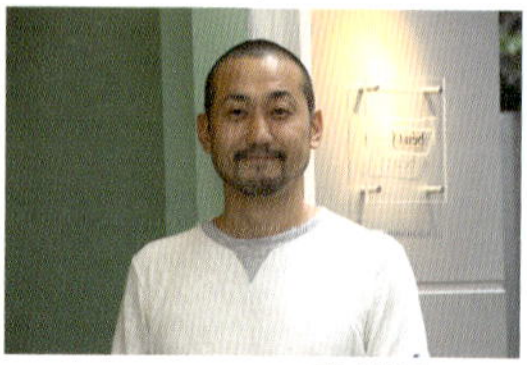

代表 平井正一さん

気軽にスムージーやお酒をお昼から楽しんで欲しいですね。

中央区

滝川パン

タキガワパン

cafe goods flower **bread** sweets etc

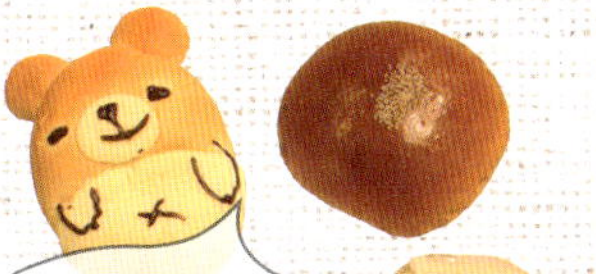

底に黒蜜がついている滝川あんぱん100円。なめらか冷やしクリームパン260円。

Menu
- ●穀物たっぷり塩バターパン…100円
- ●焼きカレーパン……… 220円

オーツ麦やひまわりの種など穀物が入った塩パンや、サクサクふんわりな焼きカレーパンは並べるとすぐに売り切れてしまう程の人気商品。

約90種類の焼きたてパンに加え旬の食材で焼く季節限定パンも登場。

街中の駕町通りに面し、逆のロゴマークと木目が目印。

伝統を受け継ぐ幸せと笑顔を運ぶパン

創業1930年代、地元の人から愛され癒されるパン屋が空襲により消失。時を経て店主の孫であるものまねタレント・コロッケ監修のもと復刻した滝川パン。先代の思いを受け継ぎ復刻させ、1つ1つに想いを込めたパンは約90種類。中でも原点となるあんぱんをはじめ、給食の配膳に使用していた鉄製のトレイに並べられた演出が嬉しいブイヨンから手作りの焼きカレーパンなど人気と笑顔の絶えない街中のパン屋さん。

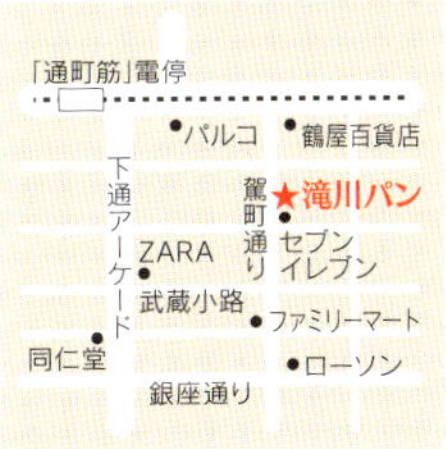

滝川パン

☎096-342-4398
- 「通町筋」電停から徒歩約3分
- 熊本市中央区安政町2-34 HILLS KAGOMACHIビル1F
- 10:00～21:00
- 不定休
- なし
- CARD 不可

マネージャー 緒方浩輔さん

焼きカレーパンが是非オススメです。福岡店もオープンしますよ。

お店は緑がいっぱいで、心が癒される雰囲気。手の平に入るサイズの石からクラスターと言う大きな石も。

東区

天然石の店 Brillianto「ブリリアント」

テンネンセキノミセ ブリリアント

cafe goods flower bread sweets etc

「今のあなた」にぴったりの石に出逢える

石のパワーを知り尽くし、石とおしゃべりができるオーナーが、「今のあなた」にぴったりな石を選んでくれる天然石の店ブリリアント。

種類によって、様々なパワーを秘めている天然石。丁寧に時間をかけてカウンセリングし、悩みや不安、体調など今の状態・状況を軽くする石をチョイスし、ブレスレットなどをオーダーメイドで制作。実は自分に合っていない石を身につけている人も多いそうで、そんな石だと逆効果になることも。予算や希望に合わせ「今のあなた」に必要な石を選んでくれ、手持ちの石の鑑定や見直し、入れ替えもしてくれるので気軽に相談してみよう。また、カウンセリングのみや名前鑑定、改名・命名鑑定など相談だけもＯＫ。

石を入れるための袋などを、オーナーが手作りしている。

カウンセリングして作るブレスレットは、メイン石をサポート石で挟み、4セットを一つにする。

Item

- ●カウンセリングのブレスレット…10,000円程度～
- ●オリジナルリング………… 1,000円～
- ●カウンセリングのみ……… 3,000円
- ●名前鑑定…………………… 3,000円

緑に囲まれたテラスも居心地がよく、お店の空間全体がヒーリングの一部だと感じられる。

オーナーがデザインするオリジナルペンダントヘッドは2,000円～。

カウンセリングには、待ち時間があることも。その際は隣接するカフェスペースで、ゆっくりくつろいで待とう。

天然石の店 Brillianto「ブリリアント」

☎096-368-7305

- 「健軍町」電停から徒歩約20分
- 熊本市東区秋津2-10-23
- 11:00～18:00
- 日曜（その他臨時休業有り）
- 3台
- CARD 不可

オーナー 陽奈さん

一人一人の方に最適な石との出会いをお手伝いするのが喜びです。

木そのものをハンガーラックにしたり、ディスプレイも店の造りもおしゃれで、物選びもいっそう楽しい。

東区

chouchou

シュシュ

cafe　goods　flower　bread　sweets etc

作家さんのセンスが光る作品たちに心も躍る

気心の知れた作家さんのハンドメイド作品ばかりを集めたショップ。海上コンテナを利用した店内には、小物から洋服まで様々なジャンルの商品が揃い、それぞれに味わいがあり、作り手の顔も見えてくるような商品がいっぱい。洋服も充実していて、抜け感・ナチュラル感のある気負わないデザインはリラックステイストで、着心地の良さを思い描かせてくれる。「こういう物が欲しい」というリクエストにも応えてくれ、プレゼント用にハンドメイド小物数点のセットアップもしてくれるそう。

またオーナー&パートナー(村上さん)も作家で、自身の作品もラインナップ。オーナー作のソックモンキーは、愛らしい表情で、部屋にこの子がいるだけで和めそう。

靴下で作られた
ソックモンキー。
ひょうひょうとした
表情に味がある。

Item

- ソックモンキー……………3,000円
- トップス………………………4,000円
- スカート………………………4,000円
- コロンコロンバッグ…………2,800円

力を抜いて着られる、いわゆる抜け感のある洋服たちは、センスの良さを感じさせるデザインで人気。

アクセサリー・小物のコーナーにも心魅かれる作品が。店名にもあるシュシュなど種類も豊富。

丸い形と色使いがかわいいコロンコロンバッグはパートナー（村上さん）の作品。

アースカラーをベースにした通称ミリタリーシリーズの小物たち。真ん中の籠が小物を集めたプレゼントセット。

chouchou

☎090-7981-9145
「健軍町」電停から徒歩約15分
熊本市東区若葉5-4-14
11:00〜夕方
土・日・月曜、祝日
2台
CARD 不可

オーナー 島崎綾さん
服などの生地や色合いなどもお気軽にご相談ください。

小物から服まで、どれを見ても心がときめいてくる品物ばかりで、ついつい長居をしてしまう人も多いそう。

東区

hand made 雑貨 SAKAS

ハンドメイドザッカ サカス

cafe　goods　flower　bread　sweets etc.

店内はまるで ハンドメイドのマルシェ

常時10人あまりの作家の作品を扱っているハンドメイド雑貨と多肉植物アレンジメントの店。オーナーが多肉植物が好きでアレンジメントをしており、こちらは現在ほとんどオーダー生産とのこと。その縁で知り合った第一線の作家たちの作品が集まり、服から靴、アクセサリー、インテリア小物とジャンルも幅広い。

　店がイタリアンレストランに併設されており、春と秋の年に4回ほど全体を使ってマルシェを主催。その際には20〜30名ほどの作家たちが参加するそうだ。この時は、さらに様々な作家たちの作品に出会えるチャンス。イベント等の情報を随時フェイスブックで発信しているので、ぜひこまめにチェックを。

人気の作家MOSAmosaのベストは、リバーシブルになっている。

Item
●MOSAmosaベスト……… 8,600円
●バッグ……………………2,500円～
●ヘアゴム………………………250円
●シューズ…………………5,000円

バッグの種類も豊富でペイントの缶バッグやパッチワークのもの、ポシェットタイプなどデザインも様々。

可愛らしい家のオブジェたち。少しづつ集めて、自分の町をディスプレイするのも面白そう。

チェックやエスニック柄のヘアゴムは、カラフルで個性的。

パッチワークをポイントにしたバッグ。軽さや大きさなど、主婦目線の使いやすさもハンドメイドの魅力。

hand made 雑貨 SAKAS

☎090-5949-8714
「健軍町」電停から徒歩約15分
熊本市東区広木町30-84
イタリアンレストランTANPOPO内
12:00～17:00
不定休
15台(TANPOPOの駐車場)
CARD 不可

オーナー 東直美さん
熊本は作家も多く、ステキな品と出会えるチャンスも多いですよ。

姉妹店のパン屋から仕入れるパンビュッフェや酵素ドリンク、フレンチトーストビュッフェも。

東区

裏カフェ

ウラカフェ

cafe goods flower bread sweets etc

日常を忘れられる心地よい隠れ家的空間

住宅地の中にひっそりと佇む裏カフェは「非現実空間で幸せのひととき」をコンセプトにリニューアル。ドアを開けると長い迷路のような廊下が連なり、白と水色を基調とした3層構造のフロアにわくわくする。さらに木の温もりを感じる手作り家具や北欧のラグ、器は波佐見焼を使用するなどさりげないこだわりを感じる。

ミルクのみで焼いたふわふわなジャージー食パンを自らプレートで焼くフレンチトーストビュッフェや旬の果物ソースで割る酵素ドリンクビュッフェなどお得なセットが嬉しい。また牛肉たっぷりの肉飯や月替わりに登場するメニューもおすすめ。記念日にはケーキや花火などのサービスもあるので気軽に相談してみよう。

自家製スイーツからドリンク、果物スムージーなどメニュー数も充実。

Menu

- ●パスタ(スープ付)……………1,112円～
- ●肉飯(スープ付)………………1,274円～
- ●パフェ…………………………810円～
- ●スイーツ………………………994円～

パスタやオムライスをはじめ約150種類とメニュー豊富。石焼きや馬肉を使用したマドラスカレーやレディース限定も人気。

アトリエのような店内には所々に販売されている雑貨が並ぶ。光が差し込む窓際上階では喫煙可。

17種類もあるボリュームたっぷりのパフェはS、Mサイズをご用意。

ふかふかの座椅子でゆっくり寛ぐ座卓席。お子様メニュー(378円～)もあり小さい子供連れでも安心できる空間。

裏カフェ

☎096-292-7389

- 熊本I.Cから車で約5分
- 熊本市東区長嶺東8-13-47
- 11:00～23:00(OS)
- 11:00～15:00(OS)
- 60席
- 空間分煙
- 無休
- 20台
- CARD 不可

店長 緒方裕恵さん

落ちついた雰囲気でくつろげる空間です。ゆっくりされて下さいね。

部屋数は全6室でテレビ、ソファ、ラグ完備。靴を脱いで上がるので、寝転がってくつろいでもいい。

東区

くつろぎ個室 SUONO CAFE

クツロギコシツ スオーノ カフェ

cafe　goods　flower　bread　sweets etc.

ママ友や家族と気兼ねなく過ごせるカフェ

全席がTVやDVDプレイヤーを備えた完全個室という、周りに気兼ねなく自分たちだけの空間でくつろげるカフェ。2・3・4時間の時間貸しパックがあり、ワンドリンク・ワンフードをオーダーするシステム。価格はフード・ドリンクの料金も込み。初回に100円の会員証発行料を払うと、お得な価格で利用できるので、ほとんどの人が会員になるのだとか。会員は子ども用のおもちゃ類のレンタルが無料になり、ママ友グループや家族連れに好評だ。

メニューはロコモコ丼やデミグラスソースのハンバーグシチュー、ベルギーチョコパフェ、ココナッツミルクしるこなどフードもデザートも充実！2015年、11月には、光の森に全7室ある2号店がオープンした。

パフェも数種あり、写真はおすすめのブルーベリーチーズケーキパフェ。

Menu

●2時間パック(会員料金)……… 1,404円
●3時間パック(会員料金)……… 1,620円
●ステーキ丼(単品)……………… 1,058円
●ブルーベリーチーズケーキパフェ(単品)…496円

チキンサンドレモン風味も評判がいい。カフェタイムでもオーダーできるので、ちょっと間食に。

人気のステーキ丼など。ランチではこれらメインから1品、他のパックでは全メニューから1品を選べる。

子どもにはうれしいおもちゃ類。絵本や本の貸し出しもあり。

時間パックの利用スタイルなので、予約をした方が確実で、部屋は利用人数で店が決めてくれる。ここは一番広い部屋。

くつろぎ個室 SUONO CAFE

☎096-234-7771

「県立大学前」バス停から徒歩約3分
熊本市東区月出2-5-28
11:00〜24:00(20:00以降の利用は事前予約)
11:00〜14:00
全6室
喫煙可
不定休
6台
CARD 不可

オーナー 田中いずみさん
忙しいママや女性たちの憩いの隠れ家になれば、と思います。

インテリア雑貨からガーデニング雑貨、文具雑貨まで多種多様なジャンルの商品が取り揃えてある。

東区

CoCo・Tiara

ココ・ティアラ

cafe goods flower bread sweets etc

驚きプライスの洋服や人気雑貨が魅力

まったりしたデザインで人気のデコレ社の小さな人形の置物コンコンブルシリーズやハンドメイドアクセサリー、洋服まで女性を魅了する商品がいっぱい。特に洋服は、渋谷や原宿のショップでも取り扱っている商品をメーカーから直接仕入れているので、入荷時から何とシーズンオフ並みの価格！お財布にはうれしい限りで、リピーターが多いのも納得。アクセサリーでは、作家Adu.さんのシンプルだけれど存在感のあるピアスなどが人気とのこと。

また、コンコンブルシリーズは、海水浴やクリスマスなど季節ごとに限定商品が発売され、全国的にコアなファンも少なくないとか。予約販売も受け付けているので、ぜひホームページでチェックしてみて。

作家Adu.さんのアクセサリー。片耳ピアスで1,600円～の価格帯。

華やかなアクセサリーコーナー。ピアスが500円台からあり、ハンドメイドの作品もラインナップ。

Item

- ●ヘアゴム……………………300円～
- ●DECOLE社のconcombre…300円台～
- ●Adu.のピアス(両耳)………2,500円～
- ●Cocolipのピアス…………500円台～

単体でもかわいいけれど複数集めるともっとかわいくなるコンコンブル。

クリスマスのコンコンブル。季節ごとのディスプレイを楽しみたい。

洋服・服飾雑貨は毎週木曜日に入れ替わる。仕入れた商品は1週間で完売！してしまうことも。

CoCo・Tiara

☎096-285-6797
「セイラタウン北」バス停から徒歩約5分
熊本市東区下江津8-6-18 G.H.VincentC号室
10:00～19:00
水曜
3台
CARD 不可

オーナー 髙木大路さん
Facebookで新着などの情報を発信しています。覗いて見てください。

外はカリッと中はふわとろなフレンチトースト。旬の果物がトッピングされコーヒーとの相性も抜群。

東区

前川珈琲店

マエカワコーヒーテン

cafe goods flower bread sweets etc

豆にこだわり挽き立ての香漂う大人カフェ

国体道路を阿蘇方面へ進むとストライプの屋根が目印の珈琲店。木を基調とした店内に入ると、どことなく懐かしく光と緑が差し込む窓側席、ゆっくり寛ぐソファ席、喫煙席からテラス席まで様々なシーンに合わせた席をチョイス。研究を重ね独自で配合したオリジナルの珈琲豆は高品質で、オーダーを受けて1杯ずつ豆を挽くこだわり様。

定番の洋食メニューやドリンク、思わず笑みがこぼれるスイーツまで種類も豊富でメニューを見るだけでワクワクする。季節限定でお目見えする旬の食材を使用したフードメニューから肉食女子には嬉しいサーロインステーキ、赤牛ハンバーグなどもおすすめ。落ち着く空間でついおしゃべりが弾み時間を忘れてしまいそう。

ミルク氷と小豆が
植木鉢にたっぷり
入ったスコップで
食べる小豆氷鉢。

Menu

- 前川ブレンド……………………380円
- バケツパフェ(チョコバナナ、MIXベリー、キャラメルナッツ)…850円
- パスタ各種……………………750円～
- コース料理(ディナー) ……2,500円～

エビアボカド玉子サンドや焼きカレー、ふわトロなオムライス、パスタなどボリュームも満点。

テーブルや椅子が異なる店内は3スペースに区切られ、様々なシーンに合わせてみては。

大きさにビックリする
バケツパフェ。自宅で楽
しめる珈琲豆も販売。

店内には珈琲にまつわるグッズを展示。食事を楽しみながら雑貨を鑑賞するのも楽しみのひとつとなりそう。

前川珈琲店

☎096-237-6570

熊本赤十字病院から車で約7分
熊本市東区戸島西2-4-30
7:00 ～ 23:00(OS22:00)
10:00 ～ 15:00
80席
完全分煙(テラス席のみ喫煙可)
無休
35台
CARD 各種可

店長 北岡由久さん

挽き立て珈琲に合わせた料理を多数ご用意しております。

様々なテイストのクッキーがズラリ。キッチンウェア関係の雑貨が置いてあり、それらを見るのも楽しい。

東区

Shop of cookie EMI'S

ショップオブクッキー エミズ

cafe goods flower bread sweets etc

食べるのがもったいなくなるクッキーの専門店

母と娘2人の家族で営んでいるクッキー専門店。上の娘さんがクッキー職人で、独学でクッキーを勉強し、100種あまりのレパートリーの中から常に30～40種類ほどのクッキーを作っているそう。定番で人気の品は、アーモンド粉のクッキーを粉砂糖でくるんだスノーボール。口に入れるとサクッと軽い食感でアーモンドの風味が広がり、甘く香ばしい味わいがクセになりそう。また、妹さんはアイシングデザイナーで、季節のイベントやプレゼント、ウエディングまで、様々なシーンに合わせたアイシングのオーダーにも応えてくれるとのこと。

店内にはイートインスペースもあり、買った商品をコーヒーやお茶と一緒に楽しむ事もできる。

鮮やかなアイシングがかわいいロリポップ型のクッキーは子どもに人気。

ヨーロピアンカントリーのテイスト漂うイートインスペースは、落ち着いて心地いい雰囲気。

Menu

●スノーボール……………………420円
●アイシングクッキー…………350円～
●Side of the cup…………… 380円
●スティック…………………………600円

カップの縁にかけられるタイプのクッキー。コーヒーブレイクにさりげなく添えたくなる。

プレゼントやお土産用のクッキーアレンジメントは2,000円前後～。

天気のいい日には、緑に囲まれたテラス席もおすすめ。ヨーロッパの田舎町のカフェでくつろいでいる気分に。

Shop of cookie EMI'S

☎096-382-5930
「鉄工団地前」バス停から徒歩約1分
熊本市東区保田窪4-14-103
10:00～19:00(日曜11:00～18:00)
なし
13席
全席禁煙
月曜、第1･3日曜
8台
CARD 不可

アイシングデザイナー 牧元夏光さん
パーティ、記念日などのクッキーもお気軽にリクエスト下さい。

県外から足を運ぶ人もいるというワークショップ。珪藻土アートや陶芸教室など、毎週木曜の昼と夜2回開催。

南区

FILL(natural shabby&natural chic)

フィル(ナチュラルシャビーアンドナチュラルシック)

cafe goods flower bread sweets etc

出会い集う時間を愉しむ満たされた生活

浜線バイパス沿いに一際目を引く建物があるのをご存知だろうか。元のガレージの趣を残しつつ、壁を塗り棚を作りと少しずつ手を加えた結果、雑貨とインテリアを扱う複合ショップとなったFILL。デザイン事務所も併設し、デザイナーやコーディネーターも常駐する。

照明だけで100近くある店内では、国内メーカーの雑貨や県内外作家の器やアクセサリー、海外直輸入カーテンなど、季節に応じて多岐にわたるアイテムを展開。階段下にはDIYパーツのコーナーも完成させた。ギャラリーも兼ねた2階では、毎週ワークショップを開催し人気を集めている。ただモノを買うだけにとどまらず、その先の豊かな生活シーンを具現化してくれる理想のショップに出会えた気がする。

店内の至るところに、可愛くて遊びゴコロあふれるアイテムが並ぶ。

珪藻土ワークショップの完成作品がレジ横の壁を飾る。キッチュなハンドメイドアクセサリーも充実。

Item

- ●パルスポイント…………… 1,944円
- ●タオルハンカチ6枚セット…2,808円
- ●スチールクロック…………14,904円
- ●ワークショップ･TeaSet付(予約制)…3,800円～

見やすいフォント、可愛さも感じさせる絶妙なバランスが心地良いRIKIのクロックシリーズ。

耳の後ろや手首に塗って香りを楽しむセラピーレンジのパルスポイント。4種の香りが揃いリピート率も高い。

阿蘇の陶芸家 石田裕哉作の黒マット菊皿小1,620円、大2,160円。

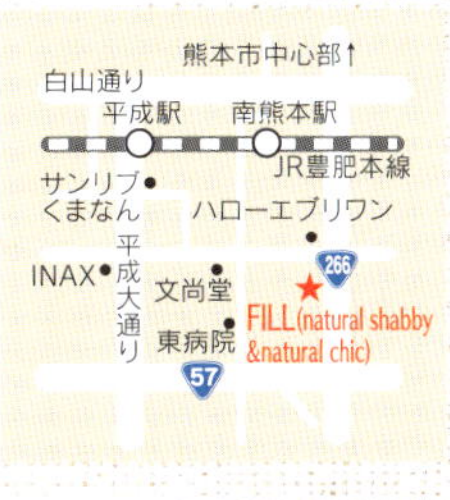

FILL(natural shabby&natural chic)

☎096-374-6011

- JR豊肥本線「南熊本駅」から車で約7分
- 熊本市南区田迎5-16-5
- 11:00～20:00
- 火曜
- 6台
- CARD 各種可

店長 満崎超さん

様々な分野の専門家が揃っています。悩んだときはご相談ください。

近所の保育園にも卸しているというパンは、常時6〜10種。あふろちゃんコースターとリンゴコースターも人気。

南区

パン・焼き菓子&手づくりショップ めりめろ

パン・ヤキガシアンドテヅクリショップ メリメロ

cafe goods flower bread sweets etc

自分がしたいことを叶えたおうちショップ

オーナーが独学で研究した無添加パンが人気の雑貨店。ほぼ毎日通うファンもいるほどのその味は、北海道産の香麦(こうむぎ)が決め手。それにオーナーの出身地・五島列島のこんぶ塩や、渋皮煮から作る栗など、季節や日によって様々。モチモチとしっとりが同居した、クセになる味わいだ。

元々、布小物や洋服を作っていたそうで、ある日出店したイベントを機に「売る楽しさ」に目覚めたという。店内は着心地の良い麻素材のワードローブや、カラフルなハギレの手提げバッグ、ため息が出るほど愛らしいアクセサリーや小物で埋め尽くされている。パンも雑貨も二つと同じモノはない。今日は何があるかな?とワクワクしながらお店を覗いてみよう。

ビーズやレースなどのあしらいが細かくかわいらしい手作りブローチ。

カラフルな色使いのハンドメイド手提げバッグの他、オーナーお手製のワードローブもオススメ。

Item

- ●アニマルがま口……………………900円～
- ●あふろちゃんコースター……300円～
- ●イヤーカフ……………………1,500円～
- ●日替りパン……………………130円～

大胆なレースとリボン使いでゴージャス感が漂うイヤーカフをはじめ、アクセサリー類も充実。

小物やアクセサリーなど、約13名の作家さんたちによる温もりあふれる作品が、パンと一緒に所狭しと並ぶ店内。

大人気のアニマルがま口財布。長さを選べるショルダータイプもあり。

パン・焼き菓子＆手づくりショップ めりめろ

☎096-320-2003

「鳶町」バス停から徒歩約5分
熊本市南区鳶町2-9-7
12:00 ～ 17:00※時間変更あり
日・月曜、祝日、第3火曜　※臨時休業あり
4台
CARD 不可

オーナー 竹下紀子さん
自分が食べたいもの、欲しいものが詰まったお店です。遊びに来てね♪

もろみを熟成する「温醸庫」として長年使用していた蔵部屋を改築したジャズが流れるレトロな空間。

西区

蔵・カフェ HAMADAYA

クラ・カフェ ハマダヤ

cafe　goods　flower　bread　sweets etc.

歴史ある木の温もりと優しい灯りの空間

創業１８１８年の歴史ある浜田醤油が国の有形文化財の蔵を改築しカフェスペースとしてオープンしたのが2年前。「醤油には３００種類もの香りがあり発酵食品と菓子は合うのでは」と直感を信じ研究を重ね作り上げた浜田さん。

素材にもこだわり天日塩や甜菜糖、北海道の小豆や上質な餅米などを使用。中でも醤油ソフトクリームのアフォガードや、食事メニュー限定のじっくり時間をかけた味噌が隠し味のビーフシチューなどここでしか味わえないメニューが揃う。

蔵部屋を改築した空間は当時のままで、外から白生している藤の葉も顔をのぞかせる。非日常的な空間で時を感じさせ、まるで江戸時代にタイムスリップしたかのようなゆっくりした時間が心地よい。

季節に合わせ醤油の使い方を変えて作るこだわりのひしお餅。

Menu

- 醤油ソフトクリーム(3種トッピング付)…432円
- 醤油プリン(ラスク付)……………432円
- ひしお餅のドリンクセット……540円
- 浜田屋特製ビーフシチュー(ライス・サラダ付)…1,296円

生醤油とデザートにかける醤油を使用した香り豊かな味わいのソフトクリーム。醤油ごま・あられ・黒豆のトッピング付。

醸造行程が見学できる店内で、醤油や味噌、酵素ドレッシングなど味見をしながらお土産選び。

カフェで使用している醤油やドレッシングなど種類も豊富。

ほんのり醤油の香りが楽しめる濃厚でなめらかな自家製プリン。美肌・美髪効果もある豆乳甘酒、醤油ラスクとともに。

蔵・カフェ HAMADAYA

096-329-7111

- 「小島郵便局前」バス停から徒歩約5分
- 熊本市西区小島6-9-1
- 11:00～18:00
- なし
- 16席
- 全席禁煙
- 月曜(祝日の場合は営業)
- 20台
- CARD 不可

商品企画・観光担当 浜田香織さん
次世代に醤油の世界を伝えていきたく醤油博士となりました。

洋服からインテリア雑貨まで様々なアイテムの中には、「好きな物を好きな時に作る」オーナーの作品も。

北区

aju

アジュ

cafe goods flower bread sweets etc

新しいテイストのアジアン雑貨が揃う店

小物からインテリアまで、オーナーが直接買い付けてくるアジアン雑貨の店だが、店内に入ると「いかにもアジア！」という雰囲気はあまりない。「今のアジアの工房や作家が作っている雑貨、新テイストの雑貨を扱っています」とのこと。洗練された感じの商品が多いのは、そのためかもしれない。古い着物をカンボジアの工房でリメイクしたバッグや、バリで作ったヘンプ（麻）のワンピースといったａｊｕブランドの服など、一味違った品々にも出会える。

また、オーナーはハンドメイドが好きで、「自分が作りたい物を作りたい時に」と服やアクセサリーを製作。トンボ玉を使ったストラップやネックレスなど自身の作品が登場することも。

カラフルなメッセージカードは、木の実や布の立体的装飾が可愛い。

Item
- ●編み物の花のキーホルダー…1,600円
- ●編み物のブローチ…………………450円
- ●タイのディフューザー………1,890円
- ●メッセージカード………………180円

ドアや引き出しの取手、壁付けフックなどのアイアン系の品は、アンティーク感があって面白い。

編み物のヘアピンやブローチもあり、ブローチは帽子などに付けてアクセントにしてもいい。

バンコクの作者から直接買い付けてきたという編み物の花のキーホルダーは、バッグのチャームにしても可愛い。

タイのディフューザー（ルームフレグランス）は10種ほど品揃え。

aju

☎096-341-8660

熊本電鉄菊池線「北熊本駅」から徒歩約10分
熊本市北区打越町8-17
11:00〜20:00
火曜（不定休あり）
2台
CARD 不可

オーナー 長尾千恵子さん
ajuオリジナルの服を作ったりもしています。色々ご相談もどうぞ。

とろとろ玉子のデミオムライスがメインのとってもよくばりランチセットは、男性も満足できるボリューム。

北区

kitchen 明ヵ里

キッチン アカリ

cafe goods flower bread sweets etc

夜は女子会までＯＫのカフェレストラン

植木インターのすぐ近くにある、おしゃれなカフェレストラン。南欧風の店舗に緑いっぱいのアプローチと、店に入る前からテンション高めてくれる造りにワクワク。

店内は座敷席やソファのあるカウンター席、テラス席もあって、座敷席だと子ども連れでもゆっくりできると人気。フードもカフェメニューも充実していて、中でもカフェメニューのデザートプレートには、チョコソースで可愛い顔やメッセージが書かれていて思わずほっこり笑顔に。メッセージのリクエストができるので、誕生日のサプライズ演出にも良いかも。夜はコースの他におつまみ系のバルメニュー、各種お酒も揃っているので、女子会などで利用するのも楽しそう。

デザート盛り合せなどのプレートには、キッズも喜ぶ可愛らしい顔が。

Menu

- ●とってもよくばりランチセット…1,500円
- ●スペシャルハヤシライスlunchセット…1,500円
- ●AKARI' Sデザート盛り合せ ….680円
- ●ワッフル ……………………….800円

ゆっくり足が伸ばせる座敷席。テラス席以外は禁煙で、子ども連れに優しい空間なのもうれしい。

「お菓子屋さんA菓RI」のコーナーがあり、テイクアウトもOK。人気は数種あるチーズケーキ。

クッキーなど焼き菓子もあって、形やトッピングの飾りも愛らしい。

広い窓から広々とした庭を見渡せるカウンター席。ソファなのでゆったりくつろげ、秘密の特等席のような感じ。

kitchen 明ヵ里

☎096-272-2105

植木I.Cから徒歩約5分

熊本市北区植木町亀甲259-4

11:30～22:00(OS21:00)
日曜・祝日は～21:00(OS20:00)

11:30～14:30

86席　全席禁煙(テラス席のみ喫煙可)

月曜(祝日の場合は翌日)

30台

CARD 不可

オーナー 佛田絵里子さん

地元食材などを使い、シェフが心を込めた手作りの味を提供します。

フランスの「ランプベルジェ」製オイルは定番で25種。廃番種も取り扱う他、問い合わせにも応じてくれる。

北区

LEMONnoKI

レモンノキ

cafe　goods　flower　bread　sweets etc.

お気に入りパフュームをまとうプチ贅沢生活

お店の入り口で出迎えてくれるのは、圧倒的な数の色とりどりのアロマランプ。オイルパフュームのトップメーカー「ランプベルジェ」を扱う専門店で、実際に香りを試して買える稀な一軒。気軽に取り入れて欲しいと、アロマランプは見た目も値段も可愛いものが充実しておりオイルは量り売りもOK。その昔、市内で建材屋をしていた名残でタイルの種類も多く、ランプを置くのに重宝する。

ゆっくり買い物を楽しむ傍ら、シェフ渾身のカフェメニューもご一緒に。カレーとホットサンドを中心に、コーヒーやスイーツなどがラインナップ。見た目はコロンとした可愛らしさを持ちながら、かじると酸っぱい「レモン」の魅力にまんまとはまってしまうかも。

温かいレモンケーキは冷たいバニラアイスと一緒に食べるのがベスト。

Menu

- ●アロマランプ(ミニ)…………2,500円～
- ●パフューム オイル 100ml……550円～
- ●エビとアサリのレモンバターカレー…880円
- ●濃厚レモンフレンチトースト(シングル)…600円

レモンの爽やかな酸味とエビの旨み、ココナッツミルクの味わいが効いたカレーは後からピリ辛に。

ストーンピアスなどのアクセサリーや、珍しいアイテムが揃う雑貨も目を楽しませてくれる。

店内のどこかにいる片岡メリヤスさん作「レモンくん」を見つけてみて。

店内はカウンターの他、テーブル・ソファ席も完備。豪華なパフェや話題のコールドプレスジュースも揃う。

LEMONnoKI

☎096-288-3507

「大窪」バス停から徒歩約3分
熊本市北区大窪2-1-1 ミスティ大窪1F
11:00～21:00(OS20:30)
11:00～14:30(OS)
30席
全席禁煙(テラス席のみ喫煙可)
第1・2月曜、火曜
9台
CARD 各種可※1万円以上のご購入に限る。

店長 原宏美さん

どの香りも試せて少量からオイルが買えます。気軽に始めてみませんか。

1階のカフェ＆ギャラリースペースでは、県内外のアーティストたちの作品を2週間ごとに展示している。

大津町

ギャラリー&和カフェ 水車物語

ギャラリーアンドワカフェ スイシャモノガタリ

cafe goods flower bread sweets etc

水とともに流れる製粉工場の長い歴史

店内に一歩入ると眼下では水車が回り、天井をベルトがつたう見慣れない光景が広がる。ここは、明治時代に建てられた米の粉を作る製粉工場だった場所。白川から坪井川に流れる上井手の水を利用し、40年前までは電気を使わず水車を動力として稼働させていた。その後工場を移設し、建物と機械が残ったままになっていた。

地元の小学生が見学に来るようになったのを機に、水車を復元し展示スペースを整備。12年前からはカフェ＆ギャラリーを併設して、自家製粉メニューを提供している。また、不定期でアコースティックライブを開催。水の恩恵か、演者からは気持ち良く演奏ができると評判だ。地下では今日も軽やかに水車が回り、悠久の時を刻んでいる。

生のラズベリーの
酸味とおしるこの
甘みが想像以上
にベストマッチ。

Menu

- ●ベーグルプレート……………………780円
- ●焼白玉入りあったかおしるこ…550円
- ●おこめのシフォンケーキ………400円
- ●水車物語珈琲……………………………420円

40年前のままの姿で静かに滑らかに回り続ける水車。地下はひんやりとした空気に包まれている。

米粉100%のシフォンケーキはメープルやバニラなど日替りで。サイフォンで淹れる珈琲とセットでも。

日替りで2～3種のベーグルが選べるプレート。テイクアウトもOK。

当時使っていた粉ふるい機に障子を一部貼り、照明にリメイク。店内の中心で水車とともに存在感を放つ。

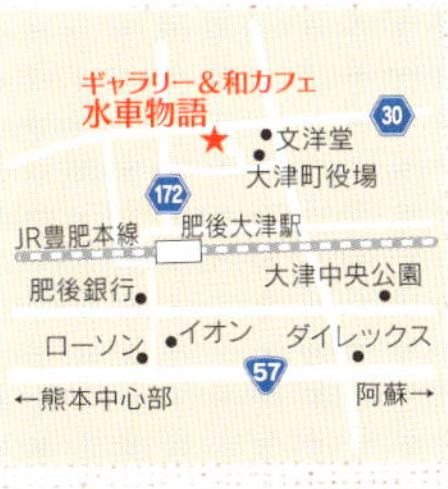

ギャラリー＆和カフェ 水車物語

☎096-285-7314

- JR豊肥本線「肥後大津駅」から徒歩約5分
- 菊池郡大津町室125（中村製粉旧工場）
- 11:00～18:00（OS17:00）
- 11:30～14:00
- 22席※冬場は約18席
- 全席禁煙
- 月・火曜
- 4台
- CARD 不可

スタッフ 上村智香子さん

自家製粉の米粉で作るモチモチベーグルをぜひ食べに来てください。

足場板で作られた棚を彩る圧倒されるほどのマグたち。企業ロゴが入ったマグは1点物も多く希少価値も高い。

大津町

CLOVER+CLOVER

クローバークローバー

cafe goods flower bread sweets etc.

随所に小技の効いたファイヤーキング専門店

優しいフォルムと耐久性、多彩なカラーで人々を魅了するアメリカの耐熱ガラスブランド「ファイヤーキング」。こちらは１９４０年から70年代のガラス製品を中心に、時代背景の分かる小物を扱う専門店。企業ノベルティや映画の小道具でよく使われるマグの種類は豊富で、遠くは海外から一点物を求めて来店するコレクターもいるほど。

足場板を利用した床や棚、扉はまさに雰囲気たっぷりで、ヒスイ色に塗られた柱やDハンドルの形を模した入口の取っ手に、思わずニヤリとしてしまうはず。コレクションを自慢しに行くも良し、その昔の時代を語りに行くも良し、思い思いの時間を過ごした後は、お気に入りのマグを連れて帰って至福のティータイムと洒落込もう。

二つのマグをよく見比べてみて。何が違うか分かる!?これもまたFKの魅力。

Item

- ●ファイヤーキングスタッキングマグ…2,600円
- ●ファイヤーキングキンバリー…3,180円～
- ●ヴィンテージ広告スクラップ…380円～
- ●ヴィンテージレシピ本………100円～

ヒスイ色はFKの王道!定番Dハンドルマグはもちろん、プレートやシェイカー、グリースジャー(油入れ)も。

飾っておくだけでも立派なディスプレイになるレシピ本は、表紙からも時代背景が見えてくる。

ダイヤの原石をモチーフにしたビビットな色使いのKIMBERLY。

人気のスヌーピーシリーズは、今の表情とは少し違う70年代後半からの絵柄が揃う。ディズニーシリーズもあり。

CLOVER+CLOVER

☎096-201-4742

JR豊肥本線「肥後大津駅」から徒歩約15分
菊池郡大津町引水18-3
12:00～19:00(月～木)
11:00～20:00(金～日、祝)
火・水曜
5台
CARD 各種可

オーナー 桑住賢二郎さん

夫婦で営んでいます。ライトユーザーの方も気負わずにいらしてください。

菊陽町

lamp.flower market

ランプフラワーマーケット

cafe goods flower bread sweets etc

置いてある雑貨はブリキや小さな瓶、カゴにキューブ型の入れ物などドライ植物と相性の良いものばかり。

好きなドライ植物を選び、瓶やカゴでアレンジやリース作りができる。

Item
- アレンジ…………2,160円～
- ミニブーケ…………540円～

アレンジの可愛らしさにハマったというご主人。

花で心の灯りが灯る 二人三脚で営むお店

ご夫婦ともに、元々花に関わる仕事をしていたというアットホームなお花屋さん。お店を埋め尽くすのは、独特の質感と色合いで心を落ち着かせるドライ植物たち。

時にかわいく、時にかっこよく、渡す人、渡される人のイメージに合わせて作るアレンジに定評があり、ウエディングのテーブルブーケなども手掛けているという。ちょっと人と違うモノを飾りたい、送りたい方にお勧めの一軒。

ドライ植物をアルミ皿に並べるだけの簡単アレンジ。コーナーに置きたい。

lamp.flower market

☎096-232-7037
- JR豊肥本線「三里木駅」から徒歩約3分
- 菊池郡菊陽町津久礼2946-5
- 10:00～19:00
- 火曜
- 2台
- CARD 不可

オーナー 津田昌幸さん
ご要望に合わせて、夫婦二人でできることを考え実行しています。

大津町

コメノパンヤ 玄氣家

コメノパンヤ　ゲンキヤ

cafe　goods　flower　**bread**　sweets etc.

チョコブレッド170円、黒糖や黒豆きなこ入りのきなこドーナツ120円。

Menu
- ●玄米塩バターパン……100円
- ●食パン………………300円

玄米塩バターパンからスイーツパン、おかずぱんや季節限定のパンなど、全て玄米を使用した健康でヘルシーなパンが常時60～80種類。

くまモン看板と白黒ラインが目印。イートインできるテラス席もある。

県産100％の玄米を おいしく召し上がれ

「玄米の固く臭みのあるイメージを変えたい」と県産の玄米をペースト化し8割以上の玄米で焼き上げる玄米パン専門店。糠の臭みやクセもなく、玄米本来の旨味でしっとり・ふわふわ・モチモチな食感が楽しめる。玄米はビタミンや鉄分、ミネラル、食物繊維など女性にも嬉しい栄養素がたっぷり含み美容と健康にも良いとあって県内外からのリピーターはもちろんお取り寄せでも人気を呼んでいる。

明太塩バターパン120円、人気商品のサンドイッチ230円～。

コメノパンヤ 玄氣家

- ☎096-293-1323
- JR豊肥本線「肥後大津駅」から車で約10分
- 菊池郡大津町引水789-1
- 10:00～売切次第終了
- なし
- 25席
- 全席禁煙
- 水曜
- 100台(バス可)
- CARD 不可

統括部長 瀧尾佳明さん 販売スタッフ 島田幸美さん

当店の玄米パンを食べたら玄米のイメージが変わり感動しますよ。

カップやポットなど、お茶の時間を120%楽しめるアイテムが充実。家にいながら北欧の空気を感じられるはず。

合志市

北欧暮らしカフェ HAGA

ホクオウクラシカフェ ハーガ

cafe goods flower bread sweets etc

今日は「ハーガ」で「フィーカ」しよう♪

衣食住どの視点からも北欧らしいライフスタイルを提案してくれる「ハーガ」。店名の由来はデザイナーショップやカフェなどが集まるスウェーデンのオシャレスポットであるハーガ地区から。インテリアコーディネーターの資格を持つオーナーが選ぶ北欧雑貨は、実用性とデザイン性に優れている。例えば穴開きのドリッパーは、スッキリとしたフォルムで無駄のないフィルターレス。北欧雑貨は長く使うほどその良さが分かるのだとか。

スウェーデン語でティータイムを意味する「フィーカ」を楽しむスペースもある。ある日、お客様がお菓子持参で来店したことがきっかけになったとか。夕暮れ時は電気を点けずキャンドルを灯すのも北欧流。早速今日からやってみる!?

Menu

- ●「エーケルンド」ティータオル…2,000円～
- ●木製品……………………………594円～
- ●本日のFika(フレーバーティーなど)…各400円
- ●Fikaセット「ケーキ+ドリンク」…700円

ナッツのタルトや甘夏のパウンドケーキなど、オーナーお手製のケーキをお供に「本日のFika」をゆっくり楽しんで。

北欧では木製品が生活と密着。オリーブの木なども使われ、滑らかな手触りで程良く手になじむ。

色鮮やかでキュートなメラミンプレート1,188円はインテリアにもなる。

スウェーデン王室御用達の「エーケルンド」を販売できるのは県内でここだけ。絵柄が豊富で迷いそう。

北欧暮らしカフェ HAGA

☎096-248-8341

- 熊本電鉄菊池線「黒石駅」から車で約5分
- 合志市豊岡1900-39
- 12:00～19:00
  ※日によって時間が変動するため、事前に要確認
- なし　10席
- 全席禁煙(テラス席のみ喫煙可)
- 日曜、祝日
- 6台
- CARD 各種可※雑貨のみ

オーナー 齊藤早苗さん
ただの雑貨店&カフェとしてでなくサロン感覚で利用してくださいね。

竹炭や乳酸菌などを配合した飼料で育った「前ちゃん家のたまご」で作るふわふわトロトロのオムライス。

合志市

Café Dining cache cache

カフェ ダイニング カシュカシュ

cafe goods flower bread sweets etc

誰にも秘密で楽しむ 至福の大人時間

昔ながらの漆喰の日本家屋に、季節によって表情を変える広々ガーデン。フランス語で「かくれんぼ」を意味する店名そのままに、まるで小さな森の中に佇むカフェダイニング「カシュカシュ」。毎年4月下旬から5月頭にかけては、１１０種を超える薔薇が咲き乱れ、この時期だけはオープンガーデンとなる。カウンターでは、窓から眺めながら食事をすることもできる。

店内はイギリスを中心とした輸入家具を配するゆとりのある空間で、こだわりの卵を使ったオムライスやフレンチトースト、自家製ハンバーグやパスタなどが楽しめる。また、庭にある蔵の中には、国内外から集めたという雑貨が所狭しと並ぶ。不定期で開くので事前に問い合わせをした方が確実。

飲めば美肌への近道!?自家製ベリーとバナナのスムージー700円。

Menu

- ●黒パフェ…………………………750円
- ●自家製ケーキセット…………800円
- ●ランチ…………………………1,000円～
- ●おまかせディナー(2名～、要予約)…2,500円

ゲートを開け、広々としたガーデンを通り抜けながらお店の中へ。向かい側には雑貨蔵もある。

ゆったりくつろげるソファー席、庭を眺めながら食事を楽しむカウンター席などお好みの席で。

しっとり食感の贅沢フレンチトースト季節のアイス添え700円。

蔵の中で息をひそめて出番を待つ宝の山たち。かくれんぼしているモノものあるので、くまなく探してみて。

Café Dining cache cache

☎096-343-2344

- 熊本電鉄菊池線「新須屋駅」から徒歩約5分
- 合志市須屋558-2
- 11:00～21:00※18:00以降は要予約
- 11:00～15:00(OS)
- 30席
- 全席禁煙
- 日・月曜
- 19台
- CARD 不可

店長 田原健二さん

四季折々に移り変わる庭を楽しみながらゆっくりとお過ごしください。

店内のいたるところで存在感を出す大人気の鳥かごアレンジ。花の後に別物を入れてディスプレイも可能。

合志市

Friend Flower

フレンドフラワー

cafe goods flower bread sweets etc

スタッフのアイデアと技術が光るお花屋さん

部屋を彩り、贈り物にも喜ばれる花のある生活。花を取り巻く環境は様々ある中で、スタッフ自らが可愛い、オシャレと思うものをオリジナル化しつつ、お客様からの要望にも応え展開しているフレンドフラワー。

目を引くのは花だけではない。天井から下がるガーランドや鳥かご、リボンや布が並ぶアクセサリーコーナー、動物や小瓶などの小物の数々。シーズンごとに変わる店内のディスプレイを参考に見に来る方も多いとか。雑貨やアクセサリーのほとんどがスタッフの手づくりで、生花担当とは別に雑貨担当もいるほど。それぞれが得意分野を生かした役割分担ができているため、細かいところまで配慮の行き届いた居心地の良いお店。

店内に飾られたスタッフお手製の布製ガーランドは4色展開で購入もOK。

Item
- ●生花アレンジ……………2,160円～
- ●リース………………………2,700円～
- ●鳥かごアレンジ……………5,400円～
- ●ブライダル用ヘア冠………3,240円～

季節の花を引き立てる小技が効いた、小物と合わせるアレンジは見事。配達は3,240円から(送料別途)。

瓶詰めの造花アレンジは、見た目も可愛く長く持つため、ちょっとした手土産に重宝する。

巧みな布使いのブーケ。3人以上集めればブーケ代のみで教室も開く。

自宅でも簡単に真似ができるよう、アレンジ用パーツも揃う。ウエディング用のブーケや花冠も気軽に相談を。

Friend Flower

☎096-248-8787
「永江団地入口」バス停から徒歩約1分
合志市幾久富1866-525
9:00～19:00
年始
約7台
CARD 不可

オーナー 大津友美さん
アレンジはもちろん、店内のディスプレイも参考にしていただきたいです。

見ているだけでワクワクする雑貨がいっぱいで、「お店を何周しても飽きない」というお客さんも多いそう。

菊池市

雑貨・古物 bb

ザッカ・コブツ ビービー

cafe goods flower bread sweets etc.

出会いが嬉しい手頃な雑貨がいっぱい

菊池ののどかな田園風景の中、自宅裏庭に開かれている雑貨屋さん。店内にはオーナーが気に入って取り寄せた陶器やバスケット、自身と県北を中心にした作家のハンドメイドのアクセサリーや小物、洋服までが揃う。

「子育て世代のママたちが気軽に手にできるものを」との思いから、例えば手作りの子ども用スカートが1000円〜と、価格がお手頃なのも嬉しいところ。また、オーナーは古物商の免許も持っていて、懐かしさと温かみが漂うレトロ食器なども。お店でのフリーマーケット、ワークショップといったイベントが行われたり、デッキテラスではお茶を飲みながらオーナーとおしゃべりもでき、雑貨と触れ合う時間をゆっくり楽しめる。

西アフリカブルキナファソのバスケット。大きいものが4,500円〜。

Item

- ●波佐見焼フリーカップ………540円
- ●ブルキナファソバスケット(小)…2,500円〜
- ●ブルキナファソバスケット(中)…3,500円〜
- ●ハンドメイドヘアゴム………200円〜

手触りの柔らかいベルギーリネンを使ったエプロンワンピース(6,500円)は、オーナーの作品。

アンティーク調の植木鉢やポストなどガーデン商品も置いてある。

長崎の波佐見焼のプレート(840円)は、青の色とドット柄が可愛い。

手前はハンドメイドのキーホルダーやアクセサリー、奥の飾り棚にはレトロな瓶や食器が並ぶ。

雑貨・古物 bb

☎0968-24-7360

- 熊本I.Cから車で約35分
- 菊池市長田496
- 10:00〜16:00
- 日曜(その他臨時休業有り)
- 4台
- CARD 不可

オーナー 佐藤由紀さん

日常を楽しくしてくれる雑貨を見つけに、気軽に立ち寄って下さい。

民家を改装した店内は以前の間取りを生かして部屋ごとにコーディネート。こちらは富裕階級の部屋。

山鹿市

Différence

ディフェランス

cafe goods flower bread sweets etc

南仏プロヴァンスの優美なアンティーク

プロヴァンス出身のご主人が直接現地で買い付けてくる、１８００年代後半〜１９３０年代の品を集めたアンティークショップ。建具から家具、食器まで色々なアイテムがあり、庶民使いの物から貴族や富裕層が使っていた品まで、グレードも幅広い。

フランスの優美さ、繊細さが漂う品々は、見ているだけで優雅な気分にさせてくれると同時に本物の存在感があり、皿など一枚使ってみるとまたもう一枚欲しくなる魅力があるのだという。当時の古布を使ったオリジナルブランドの洋服も制作していて、サンプルがあるものに限ってオーダーメイドも受け付けているそう。また、現代のフランスメイドの商品も置いてあり、ラベンダーのアロマオイルなどが人気。

1900年代初頭のリネンで仕立てたディフェランスオリジナルのブラウス。

Item
- 1900年初頭のプレート…1枚3,900円～
- アンティーククリスタルグラス…5,900円～
- 1900年代初頭リネンのディフェランスオリジナルブラウス………23,000円

現代の商品のコーナーには、石けんやキッチンウェアなどが。南仏からの直輸入の品々になる。

南フランス産のラベンダーオイル。ふくよかな香りで、ルームフレグランスとしても人気が高い。

1900年初頭のクッションはアールデコの椅子にさすがによく似合う。

文様が美しいテーブルウェア。中には閉鎖した工房の品もあり、残っている品がなくなれば二度と手に入らない物も。

Différence

0968-36-9303

山鹿バスセンターから車で約3分

山鹿市山鹿497-1

11:00～18:00

日・火・水曜

7台

CARD 各種可

オーナー モラトさんご夫妻

アンティークを通し、物を大切にする西欧の文化を感じてもらえれば。

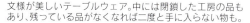

バリ、インド、アメリカ、フランスなどのまさに多国籍な品々。オーナー自ら海外で買い付けて来ることも。

山鹿市

SEE SAW

シーソー

cafe　goods　flower　bread　sweets etc

メンズっぽい インダストリアル系雑貨

田園風景の田舎道を進んでいくと、突如現れる色鮮やかな海上コンテナ。それが日本も含めた多国籍雑貨を扱うこの店。一つの国やカテゴリーにこだわらず、オーナーが「面白い」「良い」「雰囲気がある」と感じた物をセレクト。服から家具まで幅広いアイテムが並んでいる。オイル缶のスツールやドラム缶のバケツ、ブリキの小物置きなど錆感・ゴツゴツ感のあるインダストリアル系の品もあり、男性が好みそうな商品も数多い。

リサイクルの缶やブリキを使ったバケツなどは、塗装や剥げ、凹みといった使用感もそのまま生かされていて、全てが一点もの。同じ物は2つとないので、気に入ったら迷わず即買いしないとあとで後悔するかも。

トリコロール柄のクッションは厚みがあって、座り心地も抜群。

1つ1つ味がある、渋くてPOPな商品。縫製や着心地にもこだわったTシャツなど服類も人気だ。

Item

- ●リサイクルドラム缶Gabage Pot…8,500円
- ●リサイクルランプシェード…1,350円
- ●トリコロール柄クッション…4,350円
- ●鉄製フック……………………650円

リサイクルドラム缶のGabage Pot。使われていた時のままの文字や色が残っているのがいい。

ブリキをリサイクルしたランプシェード。内側の錆びた感じが渋い。

日常にワンポイントの彩りを与えてくれる小物たち。上段に置かれたブリキの小物入れは2個セットで2,500円。

SEE SAW

☎0968-36-9770

山鹿バスセンターから車で約10分
山鹿市久原5464-6
11:00〜18:30
火·水曜
4台
CARD 各種可

オーナー 渕上宏さん

あなたの中の「何か」を刺激するアイテムに出会っていただければ。

お客さんの「女性が欲しい物は何でも揃う」という言葉通り、バラエティに富んだ品揃えにワクワク。

荒尾市

K DESIGN

ケイ デザイン

cafe goods flower bread sweets etc

頭の先からつま先までのアイテムが揃う

ファッション系は帽子から靴まで揃い、インテリア系になれば一級建築士であるオーナーのご主人にリノベーションやコーディネートの相談もできるという雑貨店。店内は実に様々なジャンルのアイテムが並んでいて、赤ちゃん用雑貨から文房具、ハンドメイド作品、照明器具まで品揃えが多彩でかわいいキュートな物、スタイリッシュな物と色々あるので、幅広い層の人に人気。ギフト用にコーディネートやラッピングもしてくれるので、誕生日プレゼントや出産祝いを求める人も少なくないとか。

店舗裏にゆったりした駐車場があり車が止めやすく、店内にはソファのキッズスペースがあるので、子ども連れでも安心して訪ねられる。

カラフルでスタイリッシュなカードケースは全9色。名刺入れにも。

Item

- ●カードケース……………………953円
- ●おしりふきケース…………1,260円
- ●そい・ぷーどる………………… 400円
- ●日本野鳥の会の長靴………4,400円～

ハンドメイド(takumichandesu)のコーナー。手前の赤ちゃんのおしりふきケースは、ママたちに大人気で品切れになることも。

木の持ち手が温かいコーヒーメーカーやポット、ケトル、カップなどキッチン雑貨も揃う。

毎月1回の販売会で「野菜ソムリエ 平田亜希さん」のジャムが購入可能。

日本野鳥の会の長靴は、軽くて折り畳め男性にも人気の品。普段使いのブーツとして履く人もいるのだとか。

K DESIGN

☎0968-66-1199

- JR鹿児島本線「荒尾駅」から車で約15分
- 荒尾市本井手1568-117 メゾン・ド・緑ケ丘1F(カンガルー保育園目の前)
- 10:00～19:00
- 年末年始(不定休もあり)
- 12台(テナント1Fの店舗共用)
- CARD 各種可

店長 木本さん　スタッフ 岡田さん
荒尾や周辺の情報コーナーもあり、Facebookでは情報を発信しています。

レトロな小物やART作品でリノベーションされた店内で、時間を忘れてしまいそうな居心地の良い空間。

荒尾市

ルンバ珈琲 cafe Rinonka

ルンバコーヒー カフェリノンカ

cafe goods flower bread sweets etc

苦くて深みのある オリジナルコーヒーを

広い庭に広い縁側、低い鴨居…民家をご主人がリノベーションした店には、どこか懐かしさが漂う。

もともと「自分の好きな味のコーヒーを」と焙煎から豆づくりを始め、「ルンバ珈琲」というオリジナルブランド豆を販売しており、そのコーヒーを楽しめるカフェをオープンしたのだという。深煎りフレンチローストの豆は少し苦みが強いが、すっきりとした味わいだ。

料理は全て手作りにこだわり、グリーンカレーやフォーなどスパイスの効いたアジア料理がいただける。デザートも手作りのガトーショコラやパンケーキ、オリジナルのパフェ類もおすすめで、季節や期間限定のメニューも登場する。

爽やかな味のレモンパフェは、リピーターがいるほど人気の一品。

タイ料理のパットガパオ。パンチの効いたスパイシーな味付けの豚肉に、トロットロッ目玉焼きが絡み、マイルドな味が楽しめる。

Menu

- ●ルンバ珈琲……………………520円
- ●パットガパオ…………………950円
- ●タイカレー……………………860円
- ●レモンのパフェ………………730円

以前は納戸だったとは思えないスペース。席ごとに違うテーブルや椅子も面白みがあって良い。

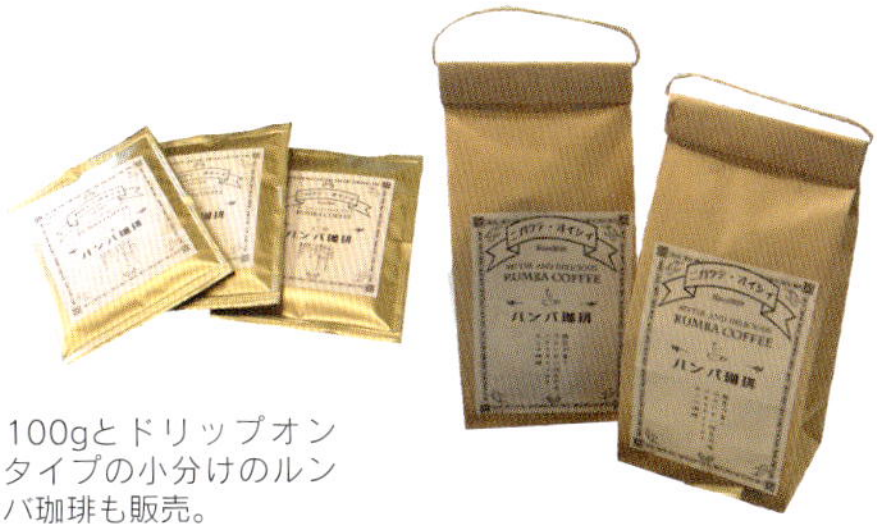

100gとドリップオンタイプの小分けのルンバ珈琲も販売。

オリジナル定番のルンバ珈琲！焙煎後ハンドピックにて一粒一粒手作業で選別し、良質の豆のみを使用している。

ルンバ珈琲 cafe Rinonka

☎080-2724-2559

JR鹿児島本線「南荒尾駅」から車で約5分
荒尾市牛水302
11:00～19:00(OS18:30)
なし
30席
全席禁煙
水・木曜
10台
CARD 不可

オーナー 宮部竜二さん
夜カフェやイベントもあります。
Facebook又はお気軽にお尋ね下さい。

テーブルウェアやクッキーなども並ぶ店内。作家のハンドメイドの他、輸入雑貨や県外のこだわり商品も。

玉名市

Soramomo Manly+吉田文具店

ソラモモマンリー プラス ヨシダブングテン

cafe　goods　flower　bread　sweets etc

ほんわかする手作りの品物と素材たち

ひいおばあちゃんが営んでいた文具店から始まり、雑貨屋を始めたと言うオーナーのそらももさん。なので、店名が ＋吉田文具店。自身も革製品の作家で、店のキャラクターでもあるワンちゃんの顔が描かれた品々を手がけている。そのキャラクターの表情のように、温かみのあるほのぼのとした雰囲気が満ちている店だ。トルコの毛糸や古い布、レースなどハンドメイドに使う素材も品揃えしてあり、作り手の人の来店も多いという。

カフェインレスのハーブティーやコーヒー、無添加の手作り石けんといった自然派商品もあり、心と体に優しい癒される店づくりが感じられる。時にイベントやワークショップもあるので、ブログでチェックを。

Soramomoのキャラクターがパースに。この表情がたまらない。

Item

- ●Soramomoパース…………2,800円
- ●Soramomoキーホルダー……800円〜
- ●裂き編のバッグ……………3,800円
- ●トルコの毛糸 ………1ロール500円〜

下の棚に並んでいるのが、オーガニックのカフェインレスコーヒーやハーブティーのこだわり商品。

佐賀県の方が作っている無添加石けん。取り扱っているのは、熊本ではこちらだけとのこと。

裂き編のバッグとミニマルシェバッグ(キーホルダー)のコンビ。

色合いも素材感も様々なトルコの毛糸。単色ではないので、色々な表情の作品が作れると人気。

Soramomo Manly+吉田文具店

☎080-6439-5190

- JR鹿児島本線「玉名駅」から車で約10分
- 玉名市立願寺269-5
- 11:00〜16:00(変更の場合あり)
- 不定休
- 3台
- CARD 各種可

オーナー　そらももさん

気に入った物ばかりなので、皆さんにも喜んで貰えると嬉しいです。

懐かしい空気感に包まれる店内。古道具とハンドメイド作品が混在したディスプレイも面白い雰囲気。

玉名市

古道具・手作り雑貨 つむぐ

フルドウグ・テヅクリザッカ ツムグ

cafe goods flower bread sweets etc.

大正・昭和初期を感じるレトロな古道具

大正から昭和初期の日本の古道具がメインの店。元生花店という店の造りもレトロだが、並んでいる品々がまるで昭和にタイムスリップしたような感覚を味わせてくれる。ガラス物が多く、薬瓶などはインテリア小物として並べてもおしゃれ。レトロモダンな雰囲気があり、古き良き時代の空気感が満載だ。このほか、作家のハンドメイド商品もラインナップしていて、こちらだけで扱っている作家ｃｏ．ｃｏｌｏさんの服は、特に人気があるそうだ。

また、店舗の奥にはギャラリーがあり、写真展などが開催されたり、月に数回、様々なジャンルのワークショップも開催しているとのこと。これらの情報はＦａｃｅｂｏｏｋで発信しているので、チェックしてみよう。

シンプルで着心地が良いと評判のco.coloさんのバルーンワンピース。

Item

- ●ガラスティーカップ………1,000円
- ●アンティークトルソー……2,500円
- ●昔の薬瓶…………………………600円～
- ●バルーンワンピース………5,800円

雑味があり、手作り感のある昔の薬瓶。今ではめったに目にすることがないので、逆に新鮮な印象も。

色やカッティングに趣がある昔のガラスの器たち。飾ってある棚も古道具で、それ自体にも存在感がある。

プリント柄がレトロなガラスのティーカップは、昭和らしいひと品。

形がユニークで修復の後も味がある商品は、恐らく昔のトルソーらしい。用途がはっきりしないのも古道具の愛嬌。

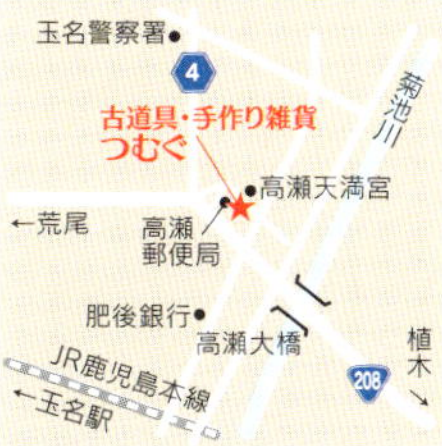

古道具・手作り雑貨 つむぐ

☎090-1762-8372

- JR鹿児島本線「玉名駅」から徒歩約20分
- 玉名市高瀬286
- 11:00～16:00
- 日曜・祝日(不定休あり)
- なし(周辺に無料P有り)
- CARD 不可

オーナー 崎山由美さん

昔の物も今は意外に斬新だったり、その面白さをお届けしたいです。

店舗はご主人が2年かけて手造りしたそう。地元杉材を使った温もりあふれる空間になっている。

山都町

みずたまカフェ

ミズタマカフェ

cafe　goods　flower　bread　sweets etc

阿蘇五岳の風景を見ながら憩いのひととき

山都町(旧清和村)の山深い山腹に立つみずたまカフェ。天上まで届くガラス張りの窓からは緑の山々が見渡せ、その清々しさ、開放的な心地よさは言葉ではあらわせないほど。メニューは素材にもこだわっており、ジンジャーエールのショウガシロップが自家製だったり、地元団体が作る焼き米のグラノーラを使ったり、熊本や地元の食材を使った料理やスイーツがいただける。人気は矢部茶のラテや熊本産トマトのピザなど。全て手作りで、体にやさしい味わいなのがうれしい。

店の入口にはスタッフや近所の人の手作り雑貨も置かれていて、木の枝を使った押しピンやハンカチなど、温かみのある小物が並べられている。

無農薬栽培のお茶を使った矢部茶ラテ。ハート模様がグリーンに映える。

Menu

- ●山都町産ゆずごしょうのペペロンチーノ…950円
- ●本日の矢部茶スイーツ…………500円
- ●矢部茶ラテ……………………500円
- ●焼き米グラノーラのパフェ……400円

山都町産ゆずごしょうのペペロンチーノはパンとたまねぎのポタージュ付き。焼き物の器もおしゃれ。

焼き米グラノーラのパフェは、山都町の「山都なでしこ」さんが作っているグラノーラを使用。

押しピン200円～、ハーフハンカチ300円などのハンドメイド作品。

スタッフ手作りの作品も並ぶ雑貨コーナーでは、パフェに使われている焼き米グラノーラも販売されている。

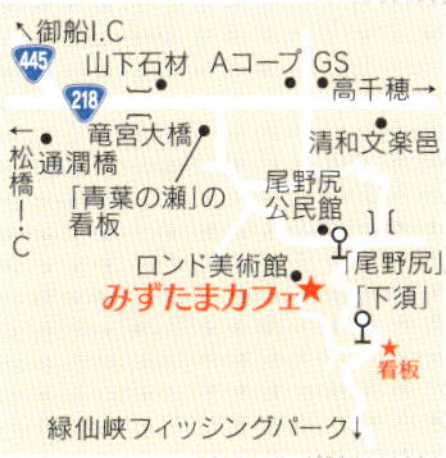

みずたまカフェ

☎0967-82-2685

- 御船I.Cから車で約1時間
- 上益城郡山都町尾野尻819-2
- 12:00～日没
- なし
- 20席
- 全席禁煙
- 火・水曜
- 6台
- CARD 不可

オーナー 小坂さんご夫妻

のんびりと営業中の隠れ家カフェです。ゆったりしにおいで下さい。

敷居などで数スペースに区切られ、個室感もあって落ち着ける雰囲気。席もそれぞれに趣が違う。

益城町

walet

ワレット

cafe goods flower bread sweets etc

くつろぎにあふれた隠れ家カフェ&ショップ

アンティークや観葉植物でコーディネートされたカフェ空間は、南欧の古い田舎の家に居るようなくつろぎに満ちている。牛スネ肉を長時間煮込みオーダーを受けてから焼き上げる和牛スネ肉のソテー、手作りのスコーンやケーキなどのスイーツたち…。食事もデザートメニューも充実していて、ランチ、カフェタイムのどちらでもゆったりくつろぐことができるのが魅力。

雑貨の店が併設されていて、コーディネートに使われている小物は購入可能だったり、アクセサリーなどのパーツが豊富に揃えられていたり。雑貨をあれこれ見て回った後にカフェでお茶をして…。そんな好きな物や好きな事にふれる時間を存分に満喫したくなる。

雑貨ではアクセサリーパーツが多数あり、スタッフの手作りの品も販売。

Menu
- ●和牛スネ肉のソテー色々きのこのクリームソース…1,320円
- ●ケーキセット（デザート1種）……650円
- ●花のオリジナルピアス（片耳）…730円～
- ●アンティークリボン（1m）…500円前後～

和牛スネ肉のソテー～色々きのこのクリームソース～は人気メニュー。ドリンクからデザートまで付く。

棚いっぱいにズラッと並んだヘアゴム。布やチャームなど、どれにするか迷うのも楽しい。

アンティークのリボンは、ハンドメイド用やプレゼントにしてもいい。

ドリンク付きのケーキセットは、価格によってデザートの1～3種類までチョイス。写真はデザート1種。

walet

☎096-292-2225
- 阿蘇くまもと空港から車で約10分
- 上益城郡益城町杉堂901-58
- 11:00～18:00
- 11:00～15:00
- 36席
- 全席禁煙
- 月曜、第2火曜（月曜が祝日の場合は翌日休み）
- 20台
- CARD 各種可（雑貨のみ、5,000円以上）

スタッフ　山口さん、山城さん
隠れ家のようなお店です。時間を忘れてゆっくり過ごして下さい。

米粉や野菜など地産地消にこだわり焼き上げる約50種類のパン。阿蘇外輪山を眺めながらのんびり食べよう。

益城町

溶岩窯パン工房 SUGANOYA

ヨウガンカマパンコウボウ スガノヤ

cafe goods flower **bread** sweets etc

緑溢れる大自然でいただく大地の恵み

「ドライブ休憩で気軽にゆっくりできるスペースを」との思いでオープンした阿蘇くまもと空港からすぐのパン工房。広い敷地には馬肉料理レストラン・馬刺直売所が並び、テラスガーデンで無料サービスのドリンクとともにパンをイートインできる。九州では数少ない溶岩窯で焼き上げるパンは遠赤外線効果で外はカリッと中はふんわりとした食感が特徴。中でも生クリームや練乳をたっぷり使用した耳までふっくらな天然酵母食パンは県内外から買い求めてこられる程人気の高い商品だ。他にも馬肉店直営ならではのジューシーなハンバーガーやフランスのゲランド塩を使用した塩パンに餡を包み込んだ塩あんぱんは、バターとの相性も良くやみつきになりそう。

馬肉100%のハンバーガーやゲランド塩を使用した塩パンも人気。

Menu

- ●塩パン……………………………120円～
- ●馬肉カレーパン…………………170円
- ●食パン……………………………270円
- ●菅乃屋オリジナルバーガー…400円

溶岩窯は蓄熱性に優れ遠赤外線を多く発生する為、パン生地は水分が多くしっとり、ふわふわソフトな仕上がりに。

馬肉のホホ肉と野菜をじっくり煮込んだ濃厚なカレーとサクサクのパン生地が相性抜群のカレーパン。

天然酵母のもっちり食パンと通常の食パンはリピート率NO.1。

月替りパンや九州産の米粉を使用した米粉パン、馬肉コロッケパン、サンドイッチなどずらりと並ぶ。

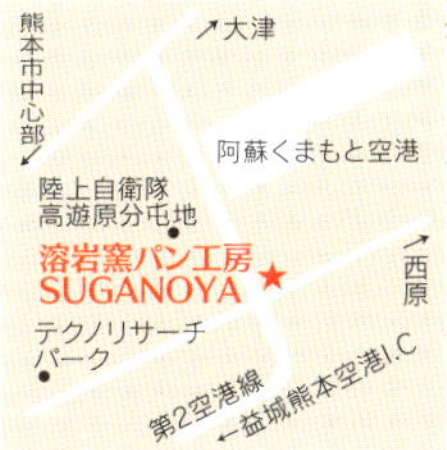

溶岩窯パン工房 SUGANOYA

☎096-286-0397

- 阿蘇くまもと空港から車で約4分
- 上益城郡益城町大字小谷高遊1600-5
- 10:00 ～ 17:00(売切次第終了)
- なし
- 8席
- 全席禁煙(ガーデンのみ喫煙可)
- 年末年始
- 40台
- CARD 不可

製造スタッフ 西和枝さん 加藤智栄美さん

毎日おいしいパンを焼いています。是非お気軽にお立ち寄り下さい。

薪で一気に表面を焼き固め、赤ワインとスパイスで煮込んだ褐色スペアリブ2,000円。薪の香りとコクがそそる。

美里町

自然派DINING&CAFÉ THE KEYSTONE GARDEN

シゼンハダイニングアンドカフェ ザ キーストン ガーデン

cafe goods flower bread sweets etc.

ロケーションと食から思う存分にデトックス

県中部を軽やかに流れる緑川本流に架かる、江戸時代の石造アーチ橋としては日本一の大きさを誇る霊台橋。そのふもとにある「キーストンガーデン」は、この最高のロケーションの中、自分たちが健全で美味しいと思うものを提供する。2階建ての古民家は落ち着いた雰囲気を醸し出し、常に内装に手をかけ訪れる者を飽きさせない。

自家製にこだわる無添加メニューは、自家栽培の無農薬米や九州産の肉・野菜が使われる。中でも大事にしているのがスパイスで、健やかな心の器となる体を整えようと、インドから各種スパイスを入手。肉料理からデザートまで、どのメニューにもふんだんに入る。自然の中で食べる自然の食べ物。本来のデトックスを体感できそうだ。

96種のスパイスをブレンドした整腸作用のある「人生を変えるスパイス」。

Menu

- ●96種のスパイスの覚醒カレー…1,500円
- ●季節の野菜のミートドリア…1,500円
- ●キーストンコーク……………600円
- ●THE SPICE96……………2,000円

明治以前の石橋では日本一の霊台橋を望みながら優雅なひと時を。テラスはワンちゃん連れでもOK。

季節の野菜とチーズたっぷりのキッシュは、その厚みにも驚かされる。単品は1,500円。

自家製クッキーやスコーン、自家採取のハチミツ生キャラメルも販売。

インドのプリンを再現したココナッツとジンジャーが効いた大人のプリン(手前)とベリーショコラ(奥)各500円。

自然派DINING&CAFÉ THE KEYSTONE GARDEN

☎0964-47-1775

- 「霊台橋」バス停から徒歩約5分
- 下益城郡美里町清水1161
- 11:00 ~ 18:00(OS17:00)※夜は予約のみ
- なし
- 店内38席、テラス10席程度※ペットOK
- 全席禁煙
- 不定休
- 約30台
- CARD 不可

店長 久保隆嗣さん
手間暇を惜しまずに体にやさしく美味しいものを作っています。

地域性を感じられ長く愛用できる雑貨が充実。奥のカフェスペースに掲げられた壁一面の青い黒板も印象的。

八代市

KoKIN' 暮らしの雑貨とカフェ

コキン クラシノザッカトカフェ

cafe goods flower bread sweets etc

古があって今がある 八代発信の熊本の魅力

店名の「コキン」とは古今のこと。そこには、伝統や文化を引き継いだ上で新しさを追求する、地に足のついたライフスタイルの提案がある。店内は昔ながらの木の器や波佐見焼、今治や泉州タオルなどが並び長く愛用できるのもポイントの一つ。注染手ぬぐいで作られた万年カレンダーは、最終的にハタキになるアイデア商品だ。

路面店としての魅力を考えたときに、そこにしかないものを置くことに気づいたという。日奈久の伝統工芸品をはじめ、天草のオーガニック食品や合志の無添加おやつなど、熊本のモノづくりに注目。カフェでは八代のいぐさや山鹿の大豆粉や小麦粉を使う。雑貨や飲食を通して、地域の良さや温かさに改めて気づかされるはず。

重ねるときのこになる、皿、コップ、ベビースプーンの3点セット9,720円。

Menu

- ●マスキングテープ……………540円～
- ●Ladybug石けん…………… 850円
- ●ランチ………………………1,080円
- ●オリジナルカフェブレンド…410円

日奈久温泉の竹細工や手すき和紙、友禅染めなどの繊細な伝統工芸品にも心癒される。

熱を加えず丁寧に作られた南阿蘇の手づくり石けん「Ladybug」シリーズ。馬油クリームも登場。

妙見祭や日奈久温泉など、八代の魅力が詰まったマスキングテープ。

ランチは、ジャスミンライスで頂くハーブたっぷりのグリーンカレーや、いぐさそうめんのつけ麺など各1,080円。

KoKIN' 暮らしの雑貨とカフェ

☎0965-33-1926

- 八代市役所から徒歩約11分
- 八代市松江町598-3
- 11:00～20:00
- 11:00～15:00(OS14:30)※月～金曜のみ
- 12席
- 全席禁煙
- 不定休
- 7台
- CARD 各種可

オーナー 寺本美香さん

"ここにしかないもの"を探しに、ぜひ遊びに来てください。

店内には定期的に入れ替わるキッチン雑貨や便利グッズ、ベビー用品やアクセサリーなどが所狭しと並ぶ。

八代市

Siesta Room

シエスタルーム

cafe　goods　flower　bread　sweets etc.

お客様の視点に立った生活提案型ショップ

スペイン語で「昼寝」を意味する「シエスタ」。ゆっくりのんびり雑貨を見ながら癒されて欲しいと、店内には可愛さの中に遊びゴコロのあるアイテムが並ぶ。前職はサラリーマンだったというオーナー。海外出張を重ねるうちに雑貨の奥深さを知り、多くの人に紹介したいと12年前にオープンした。

季節や流行に応じて商品を入れ替える中、雑貨は分かりづらいからと、毎月オーナーの奥様がイラスト入りの手書きのお便りを作り、レジで配布。なんとポイントカードや包装紙も独自のもの。お店に入るなり「何か新しいの入った?」と聞いたり、雑誌の切り抜きを持参したりと新アイテムを楽しみにしている常連さんも多く、オーナー自身は昼寝をする暇はなさそうだ。

鮮やかな色味と触ることで脳の発育を促す布の絵本は口に入れても安心。

Item

- ●布の絵本……………………… 3,024円
- ●リネンハット……………… 7,344円
- ●「IRIIRI」ハンドメイドドール…3,024円
- ●リンデンリーブスオイル… 2,160円～

素朴さが人気のチェコ製のハンドクラフト、ロープ人形1,296円他、木のおもちゃ多数。

小さなお子様のいるお母さんに嬉しいアイテムは贈り物にも喜ばれる。

下ごしらえ、調理、保存に大活躍する老舗琺瑯ブランド「野田琺瑯」の品揃えは県内でも上位に入る。

生地が丈夫で洗えば洗うほど良いリトアニアのリネンは、世界一の柔らかさを誇り、季節を選ばず年中使える。

Siesta Room

☎0965-32-8401

- 八代I.Cから車で約15分
- 八代市本町2-4-7(本町アーケード内)
- 10:00 ～ 19:00
- 元旦
- 本町立体駐車場
  ※お買い物をされた方に1時間無料チケット進呈
- CARD 各種可

オーナー 矢本政彦さん

雑貨の世界は幅広くて奥深くて面白いですよ。遊びに来てください。

小ぢんまりした店内に並ぶ洋服、アクセサリー、小物の数々。不定期でコートの受注会を行うこともあるとか。

人吉市

SEEDS OF LIFE

シーズ オブ ライフ

cafe　goods　flower　bread　sweets etc

オーナーの人柄が伝わるアイテムの宝庫

長年アパレル業界に身を置いていたオーナー。その経験を生かすべきと、洋服を作る友人の勧めと旦那さんの後押しもあり、昨年自宅の床の間を改装してお店をオープン。お子さんと一緒に塗った壁は、天井まで届かなかった痕跡もあり、手づくりならではの味わいが漂う。たまたま前の居住者の親戚が訪れ、お店の存在を知り涙を流して喜んだという逸話もあるとか。

取り扱う作家さんも少しずつ増え、今では20人ほどにまでなった。住居の一角という親密さもあってか、お客様との交流も深く、趣味嗜好はだいたい把握できているという。「近いところでお客様が成り立っているかも」と笑うオーナーだが、その笑顔に引き寄せられ、通う気持ちも良く分かる気がする。

普段使いにもちょっとした贈り物にも活躍するキッズアイテムも豊富。

眺めるだけでもその可愛さに癒され、繊細な作りに惚れ惚れする1点物アクセサリーは早い者勝ち!

Item

- ●子ども服…… 1,620円～3,240円
- ●スタイ……………………………1,080円～
- ●チケットケース……………1,188円
- ●アンティークブローチ……1,944円

手書きのイラストが愛らしいハンコは1個324円。ポチ袋(3枚入り162円)と一緒にいかが。

チケットケースや通帳ケースもバラエティに富んだ柄が各種揃う。

手づくりの温かさが伝わる布物は使い心地も抜群。実際に手に取って、その手触りの良さを体感してみて。

SEEDS OF LIFE

☎0966-24-1051

人吉I.Cから車で約3分
人吉市鬼木町747-1
13:00～17:00
不定休　※事前に要確認
4台
CARD 不可

オーナー 山田アヤさん

アットホームな雰囲気で、私自身も楽しみながらお店をしています。

ミネラル豊富なフランス産ゲランドの塩パンは、バターの芳醇な香りに包まれ幸せな気分になる。

宇城市

スペイン石釜パン Costa del Sol

スペインイシガマパン コスタ デル ソル

cafe　goods　flower　**bread**　sweets etc

古代ローマ時代からの知恵で生まれるパン

住宅街の一角の広大な敷地に佇む、プロヴァンス風の建物。地元でも大人気のパン屋さんで、スペインの職人を呼んで設計してもらったという大きな石窯が外見からも一際目を引く。いつ訪れても良い香りが漂う店内には、常時80種程度の菓子パンや惣菜パンが並び、定期的に焼き立てが補充される。

石窯で焼くのには理由がある。フランスパンの場合、石の持つ遠赤外線効果や防菌効果で、皮はパリッと中はモチモチになるのだ。パンの生地はもちろん、カレーパンのカレーやサラダパンの肉みそも手づくりで、数ヶ月に一度のペースで試行錯誤をしながら新商品を生み出している。この店が温かいと感じるのは、どうやら窯があるからだけではなさそうだ。

野沢菜ときんぴらのおやきは、開店当時からのロングセラー商品。

Menu

- ●肉みそれんこんのサラダサンド…290円
- ●牛肉たっぷりカレーパン…… 180円
- ●コスタ特製塩パン………………… 120円
- ●自然酵母食パン(半斤)…………130円～

スタッフお手製の入口の看板に目を奪われる。何を買うか迷った時にはぜひ参考にしたい。

お肉がゴロッと入り高級感も漂うカリカリのカレーパン。

石釜で焼くのは、エピやフランスパンなどハード系のパンが最適とか。

野菜は地元産を使用。宇土特産の蓮根を使った「肉みそれんこんのサラダサンド」は人気メニューの一つ。

スペイン石釜パン Costa del Sol

☎0964-53-9630

- 宇城市役所から徒歩約8分
- 宇城市松橋町きらら2-5-1
- 7:00～19:00
- なし
- 店内17席、テラス席
- 全席禁煙(テラス席のみ喫煙可)
- 火曜
- 20台
- 不可

店長 光武秀晃さん
常にアットホームで温かい雰囲気のお店づくりを心掛けています。

好きなものを少しずつ、は女性にとってたまらない嬉しさ。単品も充実しているのでちょっとした休憩にも。

宇土市

Seaside Cafe 海音

シーサイド カフェ カノン

cafe　goods　flower　bread　sweets etc

やっぱり海が好き!!なあなたに最適の一軒

熊本市内から車で約40分。ドライブ途中に立ち寄れる「道の駅宇土マリーナ」の敷地内にある「海音」は、全席オーシャンビューのカフェレストラン。日本渚百選にも選ばれた御輿来海岸に隣接し、晴れた日には雲仙普賢岳も一望できる。店内は船内をイメージしたリゾート感漂う空間で、海側は全てガラス張りのテーブル席。テラスに出ればヨットハーバーも眼下に。

　こちらで食事をするなら、ランチもディナーも断然ビュッフェがオススメ。お好きなパスタやピザを選んだ後は、店内中央のテーブルへ。ずらりと並ぶ一品料理からサラダ、パン、デザート、ソフトクリームまで好きなだけどうぞ。最高の眺めとゆっくり食べる食事で、最高のリゾート気分に浸れるはず。

季節のフルーツをふんだんに使ったパフェは全部で3種。各800円。

Menu

- ランチビュッフェ ……90分1,380円
- ディナービュッフェ …90分1,380円
- 海音オリジナルパンケーキ…1,000円
- 網田ネーブルジュース…………500円

料理がなくなればまた別の料理が運ばれてくる。何が来るかはそのときのお楽しみ♪

眼下にヨットハーバーを望むテラスは特等席。見渡す限りの青い空と青い海に癒されて。

サラダ感覚で食べられる、生ハムサラダのトマトソースピザ。

店内もテラスも全席オーシャンビューの抜群のロケーション。開放的な空間でゆったり食事を楽しめる。

Seaside Cafe 海音

☎0964-24-8977

- 宇土市松原交差点から車で約20分
- 宇土市下網田御興来3084-1 道の駅宇土マリーナ2F
- 11:30 ~ 20:00(OS19:30)※ディナータイムは17:00 ~
- 11:30 ~ 16:00(OS15:30)
- 50席、うちテラス24席
- 喫煙可
- 無休
- 50台以上
- CARD 不可

店長 東健治さん

最高の景観の中、お好きなものをお好きなだけ楽しんでください。

周囲を木々に覆われ、心地良い風が吹き抜ける空間には、個性豊かな雑貨が並び、ゆったりとした時間が流れる。

宇土市

otonari

オトナリ

cafe goods flower bread sweets etc

憧れをカタチに。縁を紡ぐ小さな雑貨店

緑豊かな木立に囲まれた古民家雑貨店ｏｔｏｎａｒｉ。店内には、作り手の温もりや個性が現れるハンドメイド作品が所狭しと並ぶ。兼ねてから、好きな作家のリストアップやショップ記事をスクラップしながら「いつかは私もお店を」と考えていたオーナーが、義姉が経営する飲食店の隣で夢を叶えて3年目。

当時は憧れだった作家たちの作品を扱い、そこに新たなファンがつく。ランチの帰りに立ち寄った方が、娘さんやお孫さんと再訪してくれる。ワークショップでお客様同士の和が広がるのを目の当たりにする。「お店を通してたくさんの縁に恵まれることも喜び」と語るオーナーの新たな夢が、また別のカタチとなって現れる日も近いかも…。

少しずつ表情が違うソラモモアイテムは、目が合った子を連れて帰ろう。

Item

- ●ソラモモキーリング…………800円～
- ●フェルトブローチ……………756円～
- ●おむつケーキ…………………2,800円～
- ●ワークショップ(月1回程度・不定期)…2,000円～

小物入れにもなるおむつケーキはオーダーでネームプレートを付けることも。他、ポーチやスタイなど出産祝いアイテムが充実。

手染めの麻ひもは色の種類も豊富。糸代にプラス2,000円でミニバッグのセミオーダーもOK。

愛くるしい表情とフェルトの温かさがポイントの「ぽんめのこ」シリーズ。

ビビットカラーとビーズ・リボン使いが目を引くifmeのピンブローチは、胸元や帽子にさり気なくつけたい。

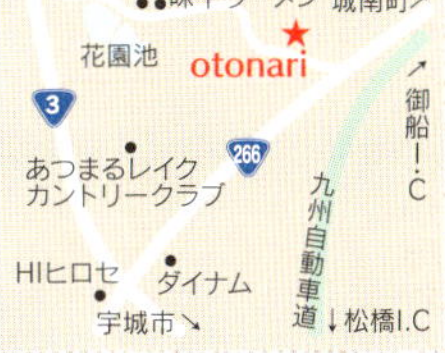

otonari

☎0964-27-5567
松橋I.Cから車で約7分
宇土市花園町2563(さく羅隣り)
11:00～17:00
日・水曜
約30台
CARD 不可

オーナー 下山恵さん

1点ものの雑貨たちにいやされて下さいね。

白と木目を基調とした店内、BGMに流れるハワイアンミュージック、まるで南の島に訪れたかのよう。

上天草市

L'isola Terrace Amakusa

リゾラテラスアマクサ

cafe goods flower bread sweets etc

海と陸、日常と非日常の境界線が消える島

約4千坪の敷地内にレストラン、カフェ、バー、雑貨、売店を持つ、今夏オープンのリゾート空間「リゾラテラス天草」。天草産中心の素材で織り成すメニューが人気のレストランは、ランチタイムともなると、どの席に座っても海と陸の境界線が見えないオーシャンビューを目当てに来る人々で賑わう。一直線に伸びる天草4号橋と海の上に浮かぶ小さな島々、その合間を縫うように船が行き交う光景を眺めるだけで、しばし時を忘れる。

ティータイムには海を眺めながらジェラートを舐め、水面に幾重にも映し出される夕日に目を奪われながらバーでカクテルを一杯。好きな時間に好きな場所で過ごす大人の休日。さあ、次の休みは極上ワンデイトリップへ出かけよう。

プレートランチは肉or魚の選べる4種。日曜は早々に売り切れる塩パンも人気。

Menu

- ●リゾラプレート(ランチ限定)…1,814円〜
- ●魚介のペスカトーレ………1,490円
- ●天草デコポンロールプレート…940円
- ●リゾラテラス天草地ビール…756円

エビ、イカ、タコ、アサリなど、海の幸が詰まったペスカトーレ。青い空と海の下で食べたい一品(スープは別料金)。

天草の塩や柑橘類を使用した限定のお菓子や、加工品、海産物、お土産など品揃えも充実。

カピス貝のコースターやフレームなど、海の町ならではの雑貨も充実。

5種の天草産みかんをクリームとスポンジに練り込ませたロールケーキと、ベリーのジェラートの最強コラボ。

L'isola Terrace Amakusa

☎0969-56-3450

前島橋(天草四号橋)から車で約1分
上天草市松島町合津字北前島6215-16
9:00〜17:00※季節により延長あり
ランチ11:00〜 ディナー17:00〜
※曜日、季節により変動あり
120席(テラス席含む)
全席禁煙(テラスのみ喫煙可)
無休※12月〜2月は水曜が休みになる場合あり
300台 CARD 各種可

スタッフ 切通沙季さん
日常の喧騒を忘れられる松島のリゾート空間に遊びにきてください。

店舗前を彩るグリーンに出迎えられながら、半分開いたドアから店内をのぞき込んでみて。そこにあるのは…。

天草市

GREENNOTE&cafe Fika

グリーンノートアンドカフェフィーカ

cafe goods flower bread sweets etc

オーナーの人柄が伝わるアイテムの宝庫

ここへ来てまず驚かされるのは、半分だけ開きっぱなしのドア。イギリスの馬小屋の扉で、6年前の店内改装時に、熊本の人気カフェのご主人にお願いしたとか。花屋を経営したかったのと、元々雑貨が好きだったというオーナーの思いが溢れた店内は、細部にまで小物が隠れていて気分はまるで宝探し。

お客様の声を拾いながら得た発見やひらめきを大切にしているのも、このお店の特徴。商品を使うイメージを一緒に共有し、何を置けば喜ばれるかを探る。また、帰省された方が残念がるからと年末年始も休まず営業。店内でワークショップを行う他、地域イベントなども積極的に企画している。なるほど、10年続いている理由がなんとなく分かったような気がした。

WHYTROPHYのロゼットは全国に取扱店舗が少ないため希少なアイテム。

昨年から取り扱うようになった洋服は雑貨と同様、使い勝手の良いものを。フィッティングルーム完備。

Menu

●クッション(小)	3,024円～
●ロゼット	2,484円
●ヘーゼルナッツバニラコーヒー	400円
●生花アレンジ・ブーケ	予算に応じて

松浦弥太郎氏が手掛ける古本屋COWBOOKSのクッションは、肘を置いて本を読むのに丁度良い。

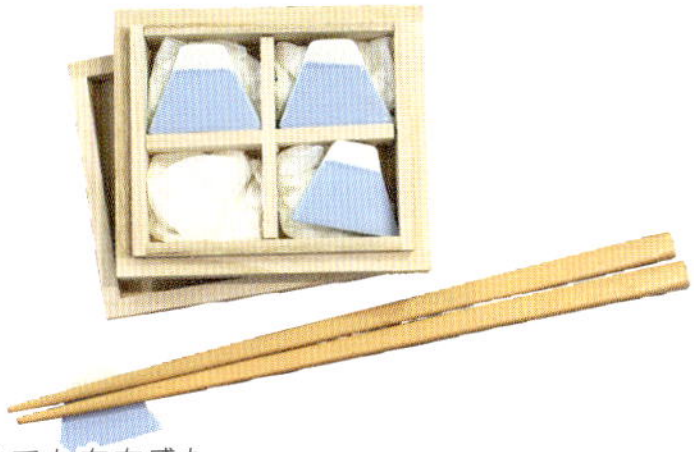

小さくても存在感たっぷりのクラスカの富士山の箸置きは3,024円。

店内のカウンターで、ゆっくりカフェも楽しめる。ココペリのケーキとコーヒーで800円。カフェオレは+100円。

GREENNOTE&cafe Fika

☎0969-24-7744

- 天草市役所から徒歩約9分
- 天草市中央新町21-14
- 11:00～19:00
- なし
- 4席
- 全席禁煙
- 無休
- 約20台(諏訪神社敷地内)
- CARD 各種可(3,000円以上の購入に限る)

オーナー 錦戸ひさかさん

使い勝手の良い生活雑貨を中心に主婦目線でセレクトして置いてます。

各地で美術展も開催する中、現在はポルトガルとの親交を深めているそう。発祥地での展示会も遠くなさそう。

天草市

天草更紗 染元 野のや 町家カフェ

アマクササラサ ソメモト ノノヤ マチヤカフェ

cafe goods flower bread sweets etc

南蛮文化の息吹感じる 平成の天草更紗

かつて、ポルトガルやオランダから南蛮船が渡来していた頃、天草の地に受け継がれた更紗。しばらく途絶えていたこの文化を平成天草更紗としてよみがえらせたのが「野のや」だ。草の色を抽出し、ヘラを使い型に染めていく捺染という手技を用いる。天草の地で空気を吸い、暮らしていく中で生まれる色や形があるという。季節によっても草木の色が変わるため、染めは一発勝負。まさに自然が生み出す唯一無二の産物といえる。

現在は自宅にあった工房を築90年の古民家に移し、昨年からはカフェも併設している。カフェスペースで子どもを寝かしつけ、ゆっくりと天草更紗の小物を眺める若いお母さんの姿を見かけた。また一つ、大切な伝統が継承される瞬間だ。

もちもち生地に季節のフルーツをたっぷりのせたパンケーキ(3～5名用)。

Item
- ●天草ふきん……………………800円
- ●天草しろたん…………………800円
- ●小物入れ……………………1,500円
- ●天草更紗の体験……………1,000円～

1㎜ずれると模様にならない程、繊細な技を要する。どんな色も出せるので好きな色でオーダーも可能。

野菜の味がすると好評のランチの中でも、人気はもっちりとした食感が決め手のベーグルサンド450円。

ミニポーチは海外の方へ広める「ふるさと名物」に認定されている。

天草四郎をモチーフにした、あどけない表情がたまらない天草しろたんストラップ。手触りの良さにも癒される。

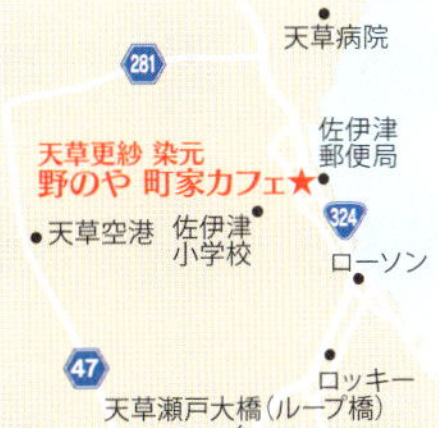

天草更紗 染元 野のや 町家カフェ

☎090-8393-7001

- 天草瀬戸大橋から車で約20分
- 天草市佐伊津町2212-2
- 11:30～18:00
- 今後スタート予定
- 1階10席、2階約15席　全席禁煙
- 木曜、他不定休あり
- 約20台
- CARD 不可

※掲載している天草更紗のデザインはすべて意匠登録済。

オーナー 中村いすずさん

染め上がった時の美しさは、時代を超えても同じ感動を生み出します。

友人宅に招かれたようなくつろぎの空間をゆったり使い、ハンドメイド作品を並べた室内。実に居心地が良い。

天草市

Zakka ao i tori

ザッカ　アオイトリ

cafe　goods　flower　bread　sweets etc

幸せが舞い込みそうな建物から手づくりの店

目の前に青々と広がる島原湾を望みながら国道324号線をひた走ると、ふと現れるレモン色の建物。ここは、二つの自宅ショップが一つになったaoitori。同じ年頃の子どもを持つお母さん同士、互いに協力し補い合う良い関係が築かれている。お店となるアパートは大家さんによる手づくりで、レモン色の壁もそこからきている。

作り手でもある二人の「ハンドメイドの温かさが伝わる空間になれば」という思いが込められた室内には、約30名の作家さんによる小物が行儀よく並ぶ。今後はパンや焼き菓子も扱う予定。産声を上げたばかりのひな鳥が、成長し幸せを運んでくれる日も近そうだ。天気の良い日は、お店に向かうまでの海岸線のドライブも最高のオマケ。

インド人ピアスやコケシバッジの愛くるしい表情は思わず笑顔に。

Item
- ●天草産オリーブティー 3種…各500円
- ●アクセサリー……………………500円～
- ●スタイ……………………………800円～
- ●リース…………………………2,500円～

天草生まれ、天草育ちの職人による手仕事「マサ工房」の木工作品。遊びゴコロも入り混じっている。

並べて眺めても可愛い「子ども用ゆびわ」各500円。一つずつしかないため気になったらお早めに。

豆モチーフの多彩なアイテム。天草産の本物の豆を使ったアクセも。

独特のフォルムと彩り豊かな多肉植物の寄せ植え各600円は、インテリアのアクセントとしても最適。

Zakka ao i tori

☎090-1875-6735（宮本）

- 天草瀬戸大橋から車で約15分
- 天草市佐伊津町435 明瀬ハイツ102号室
- 10:00～16:00
- 日・月曜、祝日
- 4台
- CARD 不可

オーナー 左から宮本さん・新納さん

お子様連れでもOK!!ゆっくりのんびり雑貨を見に遊びに来てください。

INDEX

STAFF

取材・文

高峯　朋美　　後藤奈々子　　姫野ちさよ
山村　春奈　　松崎　淳子

デザイン

家入　志保　　松坂　裕樹　　本田　佳代
上嶋佐知代
篠崎あずさ(AZ-SQUARE)
上田　佳織(AZ-SQUARE)

撮　影

守田　義郎　　山村　春奈　　松崎　淳子

編　集

「旅ムック」編集部　井口　昌武
(TEL.096 339 8555)

乙女の熊本　雑貨屋&カフェさんぽ
かわいいお店めぐり　その2

2015年12月15日　　第1版・第1刷発行

著　者　「旅ムック」編集部（たびむっくへんしゅうぶ）
発行者　メイツ出版株式会社
代表者　前田信二
〒102-0093 東京都千代田区平河町一丁目 1-8
TEL：03-5276-3050（編集・営業）
03-5276-3052（注文専用）
FAX：03-5276-3105
印　刷　株式会社厚徳社

メイツ出版ホームページアドレス　http://www.mates-publishing.co.jp/
編集長：折居かおる　　企画担当：折居かおる　　制作担当：千代寧